Weitere Titel siehe letzte Seite.

Nico Lasm[illegible]s
Roggenkam[illegible] 11
21266 Jeste[illegible]üg
Tel. 04183 [illegible]566

Ein WAS IST WAS Buch

Pyramiden

Von Hans Reichardt

Illustrationen von Anne-Lies Ihme
und Gerd Werner

Die Sphinx und die Pyramide des Pharao Chephren bei Giseh am Nil

Tessloff Verlag

Vorwort

Eines Tages vor fast 5000 Jahren beschlossen ein großer ägyptischer Pharao und ein genialer Baumeister, ein Werk zu errichten, wie es nie zuvor gesehen worden war: ein riesiger Berg aus Stein, in strenger mathematischer Form und von einer Festigkeit, die Jahrtausende überdauern sollte. Der Bau dieser ersten Pyramide der Welt dauerte Jahrzehnte, die Zahl der Bauarbeiter – Sklaven, Kriegsgefangene und freiwillige Helfer – ging in die Zigtausende.

Zwei Jahrhunderte hindurch folgten nun Ägyptens Könige dem Beispiel des ersten Pyramidenbauers, des Königs Djoser und seines Baumeisters Imhotep. In dieser verhältnismäßig kurzen Zeit entstanden die großen Pyramiden, die die Touristen am Ufer des Nils noch heute bestaunen und bewundern. Dann plötzlich, ebenso überraschend, wie Djoser mit dem Bau dieser Berge aus Menschenhand begonnen hatte, hörten seine Nachfolger damit auf. Sie begnügten sich wieder mit bescheideneren Monumenten. Über 3000 Jahre später und 15 000 km westwärts nahmen indianische Völker in Mexiko den Brauch, Pyramiden zu bauen, wieder auf. Mayas und Azteken errichteten oft mitten im Dschungel große Städte, die fast nur aus Tempelpyramiden bestanden. Erst die Eroberung dieser Gebiete durch die Spanier setzte dem Bau von Pyramiden ein gewaltsames Ende.

Dieses WAS IST WAS-Buch erzählt mit zahlreichen Fotos, Zeichnungen und graphischen Darstellungen die Entstehung und die Geschichte der Pyramiden in Ägypten und in Mexiko. Der junge Leser erfährt, wie man Pyramiden baute, wie eine Pyramide innen aussieht, und wie man die Hieroglyphen entzifferte, die erst unser umfangreiches Wissen über Zweck und Bauweise dieser Monumente ermöglichten. Er erfährt aber auch, daß es um die Pyramiden immer noch Geheimnisse gibt, die bis heute nicht gelöst werden konnten.

WAS IST WAS, Band 61

ISBN 3 7886 0401 8

Inhalt

Vor der Schlacht bei den Pyramiden von Giseh im Jahr 1798 sagte Napoleon zu Wissenschaftlern und

Wie man die Hieroglyphen der alten Ägypter lesen lernte

Was wollte Napoleon in Ägypten?

Am 19. Mai 1798 stach der französische General Napoleon Bonaparte, der spätere Kaiser Napoleon I., an der Spitze einer Flotte von 328 Schiffen von Toulon (Südfrankreich) aus in See. An Bord der Schiffe befand sich eine ganze Armee – 38 000 Mann mit Waffen und Gerät, mit Pferden und Proviant. Mit dieser Streitmacht wollte Napoleon Englands Macht im Mittelmeer und im fernen Indien brechen. Erstes Ziel seiner Expedition war Ägypten, das gerade dabei war, den letzten Einfluß der ehemals türkischen Oberherrschaft abzuschütteln. Napoleon wollte Ägypten erobern, bei Suez einen Kanal zum Roten Meer bauen lassen und damit den Seeweg nach Indien um die Südspitze Afrikas herum verkürzen.

Am 2. Juli erstürmten die Franzosen Alexandrien, am 21. Juli wurden in der Schlacht bei den Pyramiden von Gizeh 10 000 ägyptische Mamelucken entscheidend besiegt. Unmittelbar vor der Schlacht sprach Napoleon das berühmte Wort: „Soldaten, 40 Jahrhunderte blicken auf euch herab."

Aber das Schlachtenglück blieb dem Franzosen nicht treu. Am 1. August schlug Englands Admiral Lord Nelson bei Abukir Napoleons Flotte und schnitt damit die Franzosen von Heimat und Nachschub ab. Am 25. August verließ Napoleon Ägypten und kehrte eilends nach Frankreich zurück.

Zu seiner Expedition gehörten 175 Gelehrte, eine umfangreiche Bibliothek über ägyptische Kultur und viele Kisten

Soldaten: „40 Jahrhunderte blicken auf euch herab!"

mit wissenschaftlichen Instrumenten. Einer der Zivilisten war der 51jährige Franzose Baron Dominique-Vivant de Denon. Napoleon hatte den gewandten Höfling als Kriegszeichner mit nach Ägypten genommen.

Angesichts der Pyramiden und anderer Spuren der altägyptischen Vergangenheit erwachte in dem begabten Maler urplötzlich ein heftiges Interesse an der jahrtausendealten Kultur der Menschen, die hier einst gelebt hatten. Denon skizzierte, was ihm vor die Augen kam. Im Jahr 1799 kehrte er nach Frankreich zurück, 1802 erschien sein Buch „Reise nach Ober- und Unterägypten" mit 141 Zeichnungen. Von 1808 bis 1813 brachte er das 24bändige Werk „Beschreibung Ägyptens" heraus.

Welches Buch begründete die Ägyptologie?

Denons Bücher begründeten – trotz vieler sachlicher Fehler, die sie enthielten – die Ägyptologie, das ist die Wissenschaft über Kultur und Geschichte der alten Ägypter.

Denon berichtete in seinen Werken in Wort und Bild von dem *Allvater Nil,* der alljährlich über seine Ufer steigt und mit fruchtbarem Schlamm weite Teile der Wüste in blühende Äcker und Gärten verwandelt. Er berichtete von den Dörfern und Städten, von gleißenden Kuppeln und schlanken Minaretts, vor allem aber von den Pyramiden, von denen allein bei Gizeh, gegenüber von Alt-Kairo am Nil gelegen, 67 in mehr oder weniger gutem Zustand erhalten geblieben sind. Denon berichtete von der Sphinx, von den Obelisken und schließlich von den Hieroglyphen, den Schriftzeichen der alten Ägypter. Man findet sie überall, auf Holz, auf Stein, auf zahllosen Papyri, auf Tempelwänden, in den Grabkammern und auf Särgen, auf Gedenktafeln und Statuen, auf Kästen und Gefäßen.

Aber diese Hieroglyphen konnte niemand lesen, niemand entziffern. Die Schrift der alten Ägypter blieb stumm; ein Rätsel, das erst 20 Jahre später gelöst werden sollte.

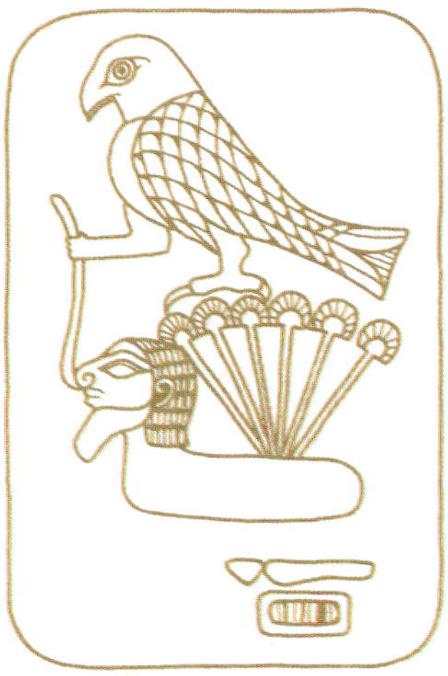

Die ägyptischen Hieroglyphen entstanden aus einer rebusartigen Bilderschrift. Das Zeichen links aus dem 4. Jahrhundert v. Chr. bedeutet: Der ägyptische König (Horusfalke) besiegte den König von Syrien (Oval mit spitzbärtigem Kopf). Sechs Lotosblüten bedeuten 6000 Gefangene.

Der Schlüssel zur Lösung dieses Rätsels war ein schwarzer, polierter Basaltstein, den 1799 ein napoleonischer Soldat bei dem Ort Rosette im Nildelta gefunden hatte. Der Stein wurde später in das in Kairo gegründete Ägyptische Institut gebracht und Anfang des 19. Jahrhunderts an die Engländer ausgeliefert. Heute befindet er sich im Britischen Museum in London.

Wo wurde der Dreisprachenstein gefunden?

Dieser Stein wird als *Dreisprachenstein* bezeichnet. Er trägt Inschriften in drei Sprachen und in drei Schriften: in Hieroglyphen, in Demotisch (eine Schrift, die sich im Volk aus der Hieroglyphenschrift entwickelt hatte) und in Griechisch. Die griechische Inschrift war leicht zu entziffern. Sie war eine Widmung der Priesterschaft von Memphis, der ersten Hauptstadt des ägyptischen Reichs, an den Pharao (*) Ptolemaios von Epiphanos im Jahr 196 v. Chr. für empfangene Wohltaten. Aber was bedeuteten die anderen Inschriften auf dem Stein?

In Deutschland und vielen anderen Ländern der Welt bemühte man sich fortan, die Hieroglyphen und die demotische Inschrift des Dreisprachensteins zu entziffern – vergebens. Es bedurfte erst des Scharfsinns eines jungen Franzosen, das Rätsel zu klären.

Jean-François Champollion wurde am 23. Dez. 1790 als Sohn eines Buchhändlers in Figeac (Frankreich) geboren. In Vaters Buchhandlung fand er als Zwölfjähriger Denons Bücher, las – nein, verschlang sie und interessierte sich fortan nur noch für alles, was mit dem alten Ägypten zusammenhing. Mit 13 Jahren begann er arabisch, syrisch, chaldäisch und koptisch zu lernen, letzteres eine Sprache, die als ägyptischer Dialekt noch heute gesprochen wird. Als 17jähriger zeichnete Champollion die erste Karte des Pharaonenreichs, wenig später erschien sein erstes Buch „Ägypten unter den Pharaonen".

Wer zeichnete die erste Karte des Pharaonenreichs?

Nun galt sein Streben und Forschen nur noch dem Stein von Rosette. Wiederholt sagte er: „Ich werde ihn entziffern." In sein Bemühen hinein platzte die Nachricht, ein Gelehrter namens

* „Pharao" (ägypt.) = Großes Haus, Titel der altägyptischen Herrscher.

Alexandre Lenoir habe das Rätsel der Hieroglyphen gelöst. Champollion war tief bestürzt. Aber die Nachricht erwies sich als falsch – und er forschte weiter. Mit 19 Jahren wurde er Professor für Geschichte an der Universität von Grenoble (Südfrankreich). Als Napoleon am 1. März 1815 von Elba kommend in Cannes landete, um noch einmal nach der Macht zu greifen, hielt Champollion zu ihm. Dafür wurde er von Grenobles Stadtvätern als „Hochverräter“ aus dem Alpenstädtchen verbannt. Er ging nach Paris und forschte dort weiter. An der Seine gab es eine hervorragende Nachbildung des Dreisprachensteines – und dort kam dem unermüdlichen Champollion endlich die ebenso einfache wie geniale Idee.

Was verstehen Ägyptologen unter einer Kartusche?

Eigentlich waren es zwei Ideen: Bisher hatte man angenommen, daß die drei Inschriften des Steines verschiedene Bedeutung hätten; Champollion dagegen glaubte, daß sie das gleiche bedeuten. Weiter hatte man angenommen, die Hieroglyphen seien

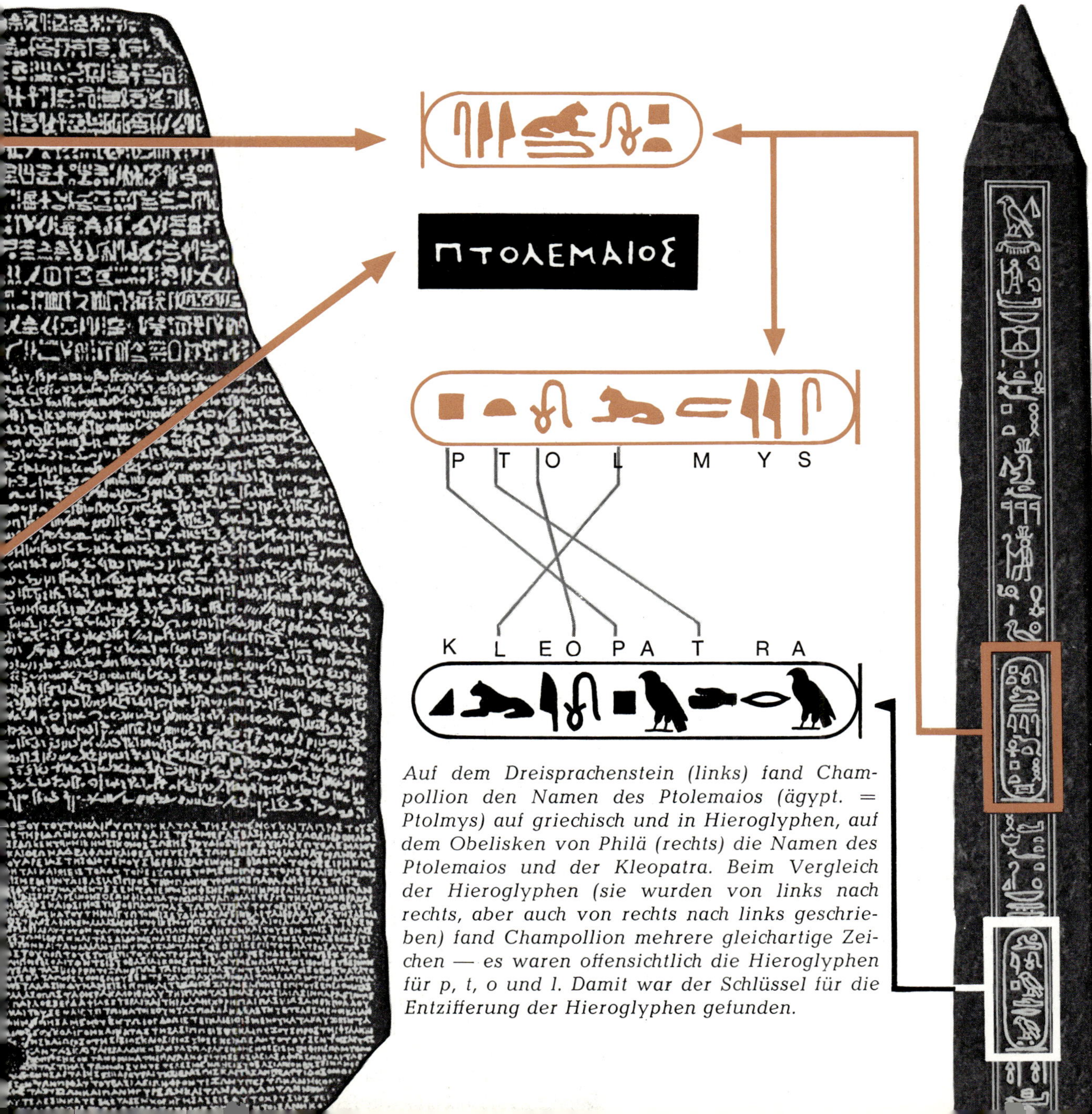

Auf dem Dreisprachenstein (links) fand Champollion den Namen des Ptolemaios (ägypt. = Ptolmys) auf griechisch und in Hieroglyphen, auf dem Obelisken von Philä (rechts) die Namen des Ptolemaios und der Kleopatra. Beim Vergleich der Hieroglyphen (sie wurden von links nach rechts, aber auch von rechts nach links geschrieben) fand Champollion mehrere gleichartige Zeichen — es waren offensichtlich die Hieroglyphen für p, t, o und l. Damit war der Schlüssel für die Entzifferung der Hieroglyphen gefunden.

eine reine Bilderschrift, bei der jedes Zeichen für ein ganzes Wort, für einen sachlichen Begriff steht. Champollion überlegte, ob es nicht anders sein könne, ob die Hieroglyphen nicht vielleicht Lautzeichen wären, ähnlich etwa dem a, b oder c der modernen europäischen Schrift. (Die Vorläufer der Hieroglyphen waren tatsächlich eine Bilderschrift, die für ein ganzes Wort je ein Zeichen hatte.)
In der Hieroglyphenschrift des Steins von Rosette sind einige Zeichen von einem Oval, einer sogenannten „Kartusche" umgeben; die Zeichen in den Kartuschen sind stets die gleichen. Eigentlich, überlegte Champollion, müßten diese Zeichen für den Namen des Pharao Ptolemaios stehen. Denn was sonst als der Name des Gottkönigs wäre würdig, so hervorgehoben zu werden?

Bemalte Statue eines Schreibers, 4. Dynastie. Schreibkundige genossen im alten Ägypten hohes Ansehen. Daher ließen sich hohe Persönlichkeiten oft als Schreiber malen oder darstellen — selbst, wenn sie gar nicht schreiben konnten.

Inzwischen hatte man auf der Nilinsel Philae einen zweiten Schriftenstein, den sogenannten *Obelisken von Philae* gefunden und nach Europa gebracht. Auf diesem Stein befanden sich nur zwei Inschriften, eine in griechisch, die andere in Hieroglyphen. Auch hier gab es wieder jene seltsamen Kartuschen, aber mit zwei verschiedenen Hieroglyphengruppen in der Umrandung. Die eine war identisch mit jener vom Rosette-Stein, die Champollion für Ptolemaios hielt; die andere müßte dann, so folgerte der junge Franzose,

So wurden Papyri hergestellt: Eine Staude wurde entrindet, das Mark in dünnste Streifen geschnitten, die Streifen kreuzweise aufeinandergelegt. Durch sanfte Schläge mit Schlegeln oder Steinen klebte die Doppelschicht zusammen. Sie wurde dann getrocknet und poliert.

der griechischen Inschrift zufolge den Namen der ägyptischen Königin Kleopatra bedeuten.

Wie entzifferte Champollion die Hieroglyphen?

Nun war alles plötzlich ganz einfach: Champollion schrieb die beiden Namen Kleopatra und Ptolemaios nebeneinander, darunter die beiden umrahmten Hieroglyphen — und siehe da — das zweite Hieroglyphenzeichen im Wort Kleopatra entsprach genau dem vierten Zeichen im Wort Ptolemaios, es mußte also ein „l" bedeuten. Ebenso stimmten das vierte

Zeichen in Kleopatra mit dem dritten in Ptolemaios und das fünfte Zeichen in Kleopatra mit dem ersten Zeichen in Ptolemaios überein, die Lautzeichen für o und p. Der Schlüssel zur Entzifferung der Hieroglyphen war gefunden. Am 2. März 1818 öffnete der Italiener Giovanni Battista Belzoni die Pyramide des Pharao Chefren und drang bis in die Grabkammer vor. Andere Wissenschaftler öffneten andere Pyramiden, sie entdeckten und untersuchten noch frühere Gräber – und ein Strom von Papyri, von Grabtafeln und anderen Überresten der altägyptischen Kultur floß nach Europa. Viele von ihnen waren mit Hieroglyphen bedeckt, die nun gelesen und gedeutet werden konnten.

Zu Ehren von Jean-François Champollion brachte die französische Post im Jahr 1972 eine Sondermarke mit seinem Bild heraus — genau 150 Jahre nach der Entzifferung der Hieroglyphen.

Was wußte man vor Champollion über das alte Ägypten?

Natürlich hatte man schon vorher einiges über das alte Ägypten gewußt. Um 250 v. Chr. hatte Manetho, Hoherpriester des Tempels von Heliopolis am Nil, seine griechische „Geschichte Ägyptens" geschrieben, die die Entstehung des Staates und seine Geschichte bis weit in die Vorzeit hinein beschreibt. Aber Manetho berichtete von einer Zeit, die 2000 Jahre und mehr zurücklag. Er war also kein Augenzeuge. Er schrieb sein Buch auch nicht der historischen Wahrheit zuliebe, vielmehr wollte er seine Zeitgenossen mit seinem Werk politisch beeinflussen. Er schrieb also polemisch, nicht neutral. Schließlich ist sein Buch sogar verlorengegangen. Wir kennen nur Teile daraus als Zitate in Büchern anderer Schriftsteller.

Auch die „Historien" des griechischen Geschichtsschreibers Herodot, der das Niltal um 450 v. Chr. bereiste, sind nicht zuverlässig. Vieles von dem, was er über die Vergangenheit berichtet, beruht nur auf Hörensagen, ist also nicht von besonderem historischem Wert.

Die Hieroglyphen dagegen wurden meist schon zu der Zeit auf Papyri oder Leder gemalt oder in Stein gemeißelt, als das geschah, wovon sie berichten. Sie sind in der Regel glaubhafte und zuverlässige Zeugen. Nun lagen plötzlich Geschichte und Kultur der letzten Jahrtausende im Niltal vor den Gelehrten wie ein offenes Buch. Mit Champollion hatte das alte Ägypten begonnen, selbst zu berichten. Und auch die Pyramiden, die mächtigsten, größten und geheimnisvollsten Bauwerke der Welt, gaben nun wenigstens einen Teil ihrer Geheimnisse preis.

Wie das alte Ägypten entstand

Welches ist der längste Fluß der Welt?

Der Nil mißt von seinem Quellfluß bis zum Mündungsdelta 6667 km. Damit ist er vor dem Amazonas (6518 km) und dem Mississippi-Missouri (6420 km) der längste Fluß der Welt. Quellfluß des Nils ist der Kagera, der in den Victoria-See mündet. Von dort fließt er als Victoria-Nil, später als Albert-Nil zum Albert-See. Nach Verlassen des Sees heißt er Weißer Nil und vereinigt sich bei Khartum mit dem Blauen Nil. In einem 15 km breiten und bis 350 m tiefen Tal durchfließt er die Nubische und die Arabische Wüste und ergießt sich schließlich 190 km nördlich von Kairo in Form eines riesigen Mündungsdeltas mit den Hauptarmen Rosette und Damiette in das Mittelmeer.

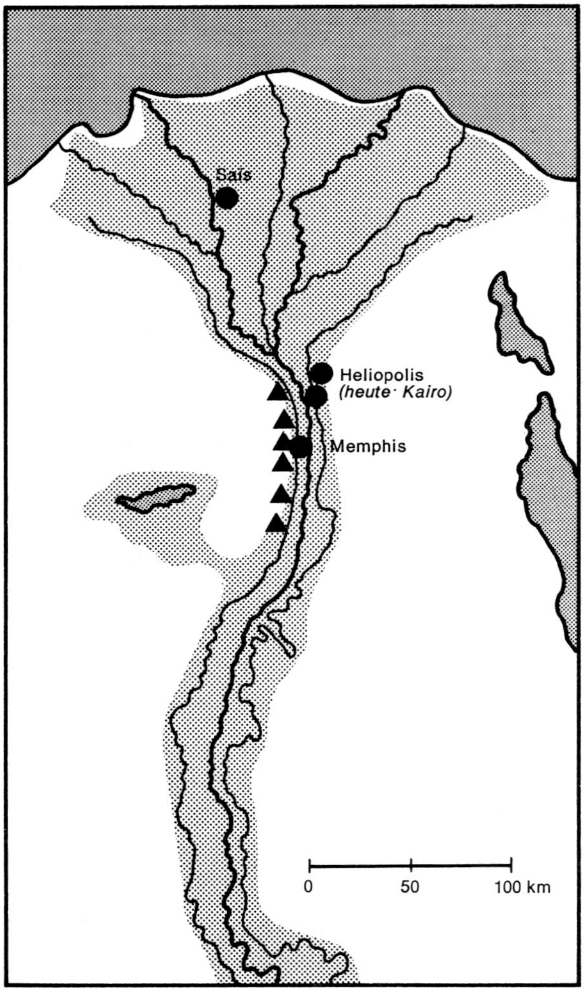

Vor 5000 Jahren gab es in Ägypten zwei Königreiche: Oberägypten reichte von Assuan bis etwa nach Memphis, Unterägypten umfaßte das Nildelta oberhalb Memphis. Memphis war die erste Hauptstadt des vereinigten Ägyptens, Heliopolis war Gauhauptstadt und Kultzentrum des Sonnengottes Re. Die Dreiecke auf der Karte bezeichnen die Standorte großer Pyramiden.

Bis vor etwa 10000 Jahren füllte der Nil in seinem Unterlauf, also in dem heutigen Ägypten, das gesamte Niltal mit seinen Wassermassen aus. Er war praktisch ein riesiger Binnensee. Dann ging in Europa die letzte Eiszeit zu Ende, gleichzeitig setzte in Nordafrika ein gewaltiger Austrocknungsprozeß ein. Der Nil schrumpfte zusammen und erreichte etwa zu Beginn der Jungsteinzeit, um 5000 v. Chr., seine heutige Ausdehnung. Zugleich verwandelten sich weite Teile Nordafrikas und Arabiens, die bis dahin fruchtbar gewesen waren, in lebensfeindliche Wüste.

Die zunehmende Dürre zwang die dort lebenden nomadischen Jägerstämme, dem zurückweichenden Wasser zu folgen. Wo einst See gewesen war, fanden sie nun ein von Schilfsümpfen durchzogenes Tal mit ausgedehnten Tümpeln, die bei der alljährlichen Überschwemmung des Nils überflutet wurden. In diesen Tümpeln gab es Fische, Wasservögel, Nilpferde und Krokodile in Fülle. Auf den Wiesen, die nun an den Ufern des neuen Nils entstanden, gab es Löwen, Esel, wilde Schafe und Ziegen, Antilopen und anderes Wild. Auf den außerordentlich fruchtbaren Feldern wuchsen Papyrusknollen, deren Wurzeln eßbar waren, wilde Bananen und andere Früchte. Alles in allem boten die Nilufer so reichhaltige Nahrung, daß die neuen Nilanrainer keinen Grund sahen, ihre bisherige nomadische Lebensweise zu ändern.

Ein ägyptisches Handelsschiff wird mit Ware beladen. Nach einem Relief in einem Tempel bei Theben.

Wie sahen die Bewohner des alten Ägypten aus?

Diese ersten prähistorischen Ägypter gehörten der Mittelmeerrasse an. Es waren schmächtige Menschen mit langen Köpfen, zierlichen ovalen Gesichtern und dunklem, welligem Haar. Sie mischten sich später mit Wandervölkern aus Palästina. So entstand der Typ des Ägypters, der zu Beginn der historischen Zeit das Niltal bevölkerte: von mittelgroßer Figur, mit mächtigem Schädel, starken Knochen und besonders kräftigen Hand- und Fußgelenken. Dieser rassische Grundtyp ist noch heute bei den Bauern in entlegenen Gegenden Ägyptens zu finden.

Die Einwanderer aus Palästina brachten ein völlig neues Gewerbe mit: den Ackerbau. In den noch von der letzten Überschwemmung oder vom letzten Regen durchfeuchteten Boden säten sie Gerste und Weizen und siedelten sich in der Nachbarschaft an, bis die Saat Früchte trug und geerntet werden konnte. Nach der Ernte zogen die Ackerbauer weiter.

Warum ließen nomadische Bauern sich am Nil nieder?

Irgendwann in jener fernen Vergangenheit beschloß eine Gruppe dieser nomadischen Bauern, sich dauernd an einem Ort anzusiedeln. Anreiz dazu war sicher die Ernte, die hier am Nilufer üppiger war als an jedem anderen ihnen bekannten Ort. Auch die Arbeitsbedingungen waren günstig: Der Samen wurde auf das Land gestreut, die Hufe der Tiere trampelten ihn fest, die Nilfluten plügten, düngten und bewässerten die Felder bei jeder Überschwemmung.

So wurde allmählich aus einem nomadischen Volk eine seßhafte Zivilisation. Man begann mit Versuchen, die jährliche Überschwemmung des Nils zu bändigen und das Wasser auf immer größere Gebiete zu verteilen. Dazu entwickelte man Arbeitsmethoden, die erst eine rationelle Landwirtschaft ermöglichten: die Stapelung überflüssiger Lebensmittel, die Zähmung der Tiere und die Spezialisierung auf verschiedene landwirtschaftliche Berufe.

Die Ägypter merkten bald, daß die Ar-

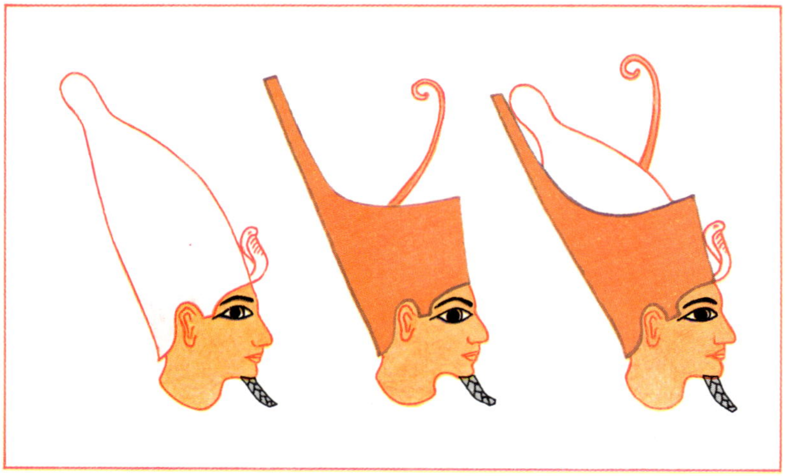

Die Herrscher Oberägyptens trugen eine weiße Krone (links), die unterägyptische Krone (Mitte) war rot. Nach der Vereinigung des Reichs trugen die Pharaonen die Doppelkrone beider Reiche (rechts).

beit den größten Erfolg brachte, wenn man sie gemeinschaftlich und in großem Rahmen leistete. So schlossen sich mehrere Familien zu Stämmen, mehrere Stämme zu Gauen zusammen, die alle ihre eigenen Götter hatten, vorwiegend in Gestalt von Totemtieren wie Löwe, Pavian, Krokodil, Katze und so weiter. Es gab insgesamt 42 Gaue, 22 im Nildelta und 20 im Niltal, das etwa bis zum heutigen Assuan, dem damaligen Syene reichte.

Wer vereinigte Ober- und Unterägypten?

Schließlich entstanden durch weitere Zusammenschlüsse die beiden Königreiche *Oberägypten* im Niltal und *Unterägypten* im Delta. Die oberägyptischen Könige trugen eine weiße Krone, ihr Wappentier (es hatte die Aufgabe, den König zu schützen) war der Geier; die unterägyptische Krone war rot und mit dem Kopf des Wappentieres Kobra geschmückt.
Nach Manethos Königsliste herrschte um 2900 v. Chr. ein König namens Menes, wahrscheinlich identisch mit dem an anderen Stellen genannten Narmer. Er brach mit einer großen Armee aus seiner Hauptstadt Nechen-Hierakonpolis nach Norden auf und eroberte das Nildelta.
Nun gab es nur noch ein ägyptisches Reich, das sich etwa 1000 km am Nil entlang vom Mittelmeer bis nach Assuan erstreckte. Menes' Reichseinigung gilt allgemein als der Beginn der ägyptischen Geschichte. Dennoch sprach man bis zum Erlöschen des altägyptischen Reiches stets von den *beiden Ländern,* und der vornehmste Titel des Königs lautete *König von Ober- und Unterägypten.*

Schminktafel des Königs Narmer. Sie zeigt, wie der Pharao einen Gefangenen opfert. Die Schminke befand sich auf der Rückseite der Tafel.

Bauern bei der Ernte: Sie schneiden Weizen mit Sicheln und tragen ihn in Seilkörben fort. Rechts ruhen sich zwei Bauern aus, zwei Mädchen streiten sich um übriggebliebene Ähren. Nach einer Wandmalerei.

Wie man in Ägypten lebte

Ägypten war ein wohlhabendes Land.

Was machten die Ägypter aus Papyros?

Wenn die Überschwemmung des Nils nicht zu gering oder zu stark war, trug der Boden reiche Früchte: Weizen, Hafer, Feigen, Trauben, Datteln, Melonen, Gurken, Zwiebeln, Lauch, Salat, Radieschen, Erbsen und Bohnen. Aus den Trauben wurde Wein gekeltert, täglich wurde Bier gebraut. Die verschiedenen Öle für die Lampen und für kosmetische Zwecke wurden aus Balanos- und Moringabäumen sowie aus der Rhizinuspflanze gewonnen. Der Papyros war eine echte Mehrzweckpflanze. Die Wurzeln wurden gekocht und gegessen, aus den Stengeln machte man Seile, und seit man um 3000 v. Chr. schreiben gelernt hatte, wurde das Mark zu Papier verarbeitet, das ja seinen Namen der Papyrosstaude verdankt.

Leinen, von der allerfeinsten Qualität bis zur gröbsten Leinwand, wurde aus den Fasern des Flachses hergestellt, Körbe und Matten knüpfte man aus Gras, Binsen und Dattelpalmenblätter.

Die Kleidung war einfach. Männer trugen einen kurzen Leinenschurz, Frauen ein Hemd, das von breiten, über die

Dienerin beim Bierbrauen. Diese Statuette aus bemaltem Kalkstein ist etwa 4800 Jahre alt. Sie steht im Ägyptipschen Museum in Kairo.

RE, Sonnengott, Schöpfer der Welt

OSIRIS, Herrscher des Totenreiches

ISIS, Göttin der Magie, Ideal der Frau

HORUS, Königsgott, Isis' und Osiris Sohn

Brüste laufenden Trägern gehalten wurde. Die Männer ließen sich Bart und Haare scheren. Zu festlichen Anlässen trugen Männer und Frauen Perücken und schminkten sich das untere Augenlid mit grüner Farbe, die Brauen wurden geschwärzt. Sie salbten ihre Körper mit Öl und trugen Schmuck. Es gab Perlenketten sowie Finger- und Armringe aus Elfenbein oder Edelmetall.

Wie wohnten die Ägypter?

Je nach Vermögensstand wohnten die Ägypter in kleinen oder großen Häusern, die aus luftgetrockneten Schlamm- oder Lehmziegeln und Rohr gebaut waren. (Aus diesem Grund sind fast keine Wohnhäuser jener Zeit erhalten geblieben). Die Hütten der Armen waren dürftig. Reiche Leute dagegen wohnten in zweistöckigen Häusern mit Empfangszimmer, Speisezimmer und all den anderen Räumen, die es heute noch in großen Privathäusern gibt. Badezimmer und Abort waren getrennt. Tapeten waren noch nicht erfunden, statt dessen waren die Wände und Decken mit bunten Bildern und Ornamenten bemalt. Der Garten war von einer hohen Mauer umgeben. In ihm gab es Teiche, Lauben, Stallungen, Backöfen und Wohnungen für die Dienerschaft.

Auch am Mobiliar konnte man erkennen, ob der Bewohner eines Hauses arm oder reich war. Arme saßen und schliefen auf dem Boden, allenfalls auf einer geflochtenen Matte. Reiche Leute dagegen besaßen Lehnstühle, deren Beine oft die Form von Stier- oder Löwenfüßen hatten. Man schlief auf Betten, die aus einem hölzernen Rahmen und einem Geflecht aus Lederriemen bestanden. Das Kopfkissen war hart: Es war aus Holz oder Elfenbein. Die Möbel der Wohlhabenden waren mit Schnitzereien, farbigen Einlegearbeiten oder anderem Schmuck verziert. Feste waren beliebt, die alten Ägypter

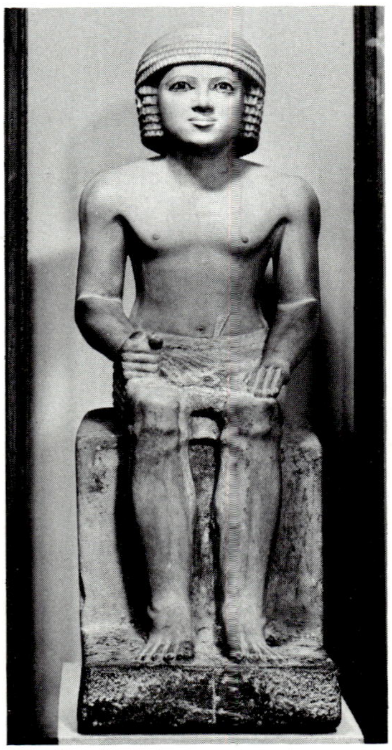

Auf meist geschorenem Haupthaar trugen vornehme Ägypter alltags eine kurze, lockige Perücke (rechts), zu feierlichen Anlässen eine Perücke mit langen geraden Flechten. Als Kleidung trugen sie nur einen weißen Lendenschurz.

SETH, Schutzgott, im Pharao gegenwärtig

NEPHTYS, Schwester von Osiris und Isis

HATHOR, Himmelsgöttin, Nährmutter der Welt

THOT, Gott des Mondes, Messer der Zeit

feierten oft und gern. Zu besonderen Anlässen wurden Gastmähler veranstaltet. Man musizierte und tanzte, man trank Bier und Wein. Neben den üblichen Nahrungsmitteln gab es auf solchen Festmählern oft noch Rind- und Hammelfleisch, gemästete Antilope, Wildbret und Geflügel. Nach dem Essen wurden Brettspiele gespielt.

Schu (die Luft) und *Tefnut* (das Wasser). Diese beiden zeugten *Geb* (die Erde) und *Nut* (der Himmel). Geb und Nut hatten vier Kinder: *Osiris* (das Überschwemmungswasser), *Isis* (das Fruchtland), *Seth* (die Dürre) und *Nephtys* (die Wüste). Osiris war gleichzeitig Gott der Fruchtbarkeit des Nillandes, Herr der Unterwelt und ober-

Spielende Kinder bei einer Art Tauziehen. Nach einem Relief in einer Mastaba um 2330 v. Chr.

Wer war der oberste Gott der Ägypter?

Eine herausragende Rolle spielte in Ägypten die Religion. An die Stelle der vorwiegend tierischen Orts- und Stammesgottheiten waren menschliche Götter getreten, die allenfalls noch einen Tierkopf hatten. Eines der ältesten Religionszentren war die Stadt On im Nildelta, von den Griechen später Heliopolis (Sonnenstadt) genannt. Oberster Gott war *Re* (die Sonne), der mitunter mit dem Gott *Atum* (das All) identifiziert wurde. Atum hat sich durch Nennung seines Namens selbst erzeugt. Er gebar die Zwillinge

ster Richter der Toten, seine Frau Isis symbolisierte den Königsthron. Der jeweilige Pharao verkörperte als Lebender den Falkengott Horus und wurde im Tod zu Osiris. *Horus,* dessen Augen Sonne und Mond waren, hatte einst selbst über Ägypten geherrscht. Er ist der Sohn der Isis und des Osiris. Der Totenkult, in diese Religion eingebettet, wurde bei den Ägyptern gepflegt wie bei keinem anderen Volk. Wenn ein Ägypter starb, liefen bezahlte Klageweiber herbei, beschmierten sich Kopf und Haare mit Nilschlamm und zogen laut schreiend und klagend durch die Nachbarschaft. Dann übergab man den Leichnam dem *Haus des*

Todes. Dort wurde er einbalsamiert, was bei Armen 30 Tage, bei Reichen bis zu 70 Tagen dauern konnte. Anschließend holten die Verwandten die Mumie ab und bestatteten sie – je nach ihren finanziellen Verhältnissen – in einem Steinsarg, in einem Holzsarg oder in eine Papyrosrolle gewickelt, die mit Inschriften bedeckt war.
Im Gegensatz zu den Häusern, die aus leichtem, vergänglichem Material gebaut waren, wurden die Gräber aus Stein gefügt; oder, wenn dafür nicht genügend Geld vorhanden war, wurde der Verstorbene doch wenigstens in der Wüste in einem Sandloch bestattet, das möglichst dicht bei dem steinernen Grab eines Reichen oder gar eines Fürsten lag. In aller Regel wurde auf die Ausstattung eines Grabes wesentlich mehr Aufwand, Arbeit und Geld verwendet als für die Behausung zu Lebzeiten des Verstorbenen.

Was bedeuteten in Ägypten „ka“ und „ba“?

Jedem Lebenden waren nach ägyptischem Glauben ein *ba* und ein *ka* beigegeben. *ba* hatte die Gestalt eines Falken mit einem Menschenkopf und war der Teil des Menschen, der als eine Art Seele in ihm wohnt, nach seinem Tod jedoch frei wird. Gelegentlich, besonders in der Nacht, besuchte *ba* das Grab und den Leichnam, seinen früheren Aufenthaltsort.
ka entsprach etwa dem Schutzgeist des Menschen. Nach dessen Tod verließ *ka* den leblosen Körper, stieg zum Himmel auf und zog nach Westen, wo er von der kuhköpfigen Liebesgöttin Hathor mit Nahrung und Trank empfangen wurde. Nach einiger Zeit kehrte *ka* auf die Erde zurück und wohnte fortan neben der Mumie „seines“ Menschen im Grab, das deshalb auch *Haus des ka* genannt wurde. Die Familie des Toten mußte ihn mit Nahrung versorgen, um ihn am Leben zu erhalten. Denn der Tote brauchte ja seinen *ka* – war doch das Leben jedes Ägypters mit seinem Tod keineswegs zu Ende.
Das Leben im Jenseits ähnelte dem Leben des Menschen vor seinem Tod wie ein Spiegelbild. Er hatte denselben Beruf und ging denselben Vergnügungen nach, er war ebenso reich oder ebenso arm wie vor seinem Tod – und das ganze dies- und jenseitige Leben wurde auf die Wände des Grabes gezeichnet. Man gab dem Toten Möbel, Salben, Spielbretter und, wenn es sich um einen König handelte, in früheren Zeiten sogar seinen ganzen Harem mit

Prinz Rahotep mit seiner Frau Nofret. Kalksteinplastik mit eingelegten Augen, um 2700 v. Chr.

ins Grab. Die Leichen der Haremsdamen zeigten keine Spuren von Gewaltanwendung; offenbar gingen sie freiwillig in den Tod. Den Garten des Toten jedoch oder die Teiche, wo er Enten gejagt und Fische aufgespießt hatte – die konnte man ihm nicht mit in das Grab geben. So malte man sie an die Wände; denn der Verstorbene sollte im Tod nichts vermissen.

Mastabas – Vorstufen der Pyramiden

Was ist eine Mastaba?

Seit der Gründung des gesamtägyptischen Reichs um 2850 v. Chr. war es eine der Hauptsorgen der Pharaonen und des Adels, daß ihre Gräber von Sturm und Regen oder von Grabräubern zerstört werden könnten; ihr *ba* und ihr *ka* hätten dann keine Heimat mehr, das Leben des Verstorbenen im Jenseits wäre bedroht gewesen. Also begannen die Architekten aus den Hügelgräbern der frühägyptischen Nomaden die *Mastaba* zu entwickeln. Mastaba ist das arabische Wort für die flachen Steinbänke vor den ägyptischen Häusern, auf denen die Hausbesitzer bis zum heutigen Tag mit ihren Freunden sitzen und bei einer Tasse Kaffee ein Schwätzchen halten. Die Gräber der ersten ägyptischen Könige sahen wie Mastabas aus.
Eine der ältesten erhaltenen Mastabas wurde um 1935 bei Sakkara entdeckt. Sie wird dem zweiten König der Ersten Dynastie, Pharao Aha, zugeschrieben. Die Mastaba besteht aus einer in den Fels eingelassenen unterirdischen, flachen, rechteckigen Grube. Sie ist mit Holz ausgeschlagen und durch Querwände in fünf Einzelräume unterteilt. Im mittleren Raum war offenbar einst der Leichnam des Königs in einem hölzernen Sarg aufgebahrt. (Das Grab wurde schon im Altertum geplündert.) In den anderen Räumen befanden sich wahrscheinlich einige private Besitztümer des Toten. Über der Grabkammer wölbte sich ein flacher Erdhügel. Bis dahin entsprach die Anlage ziemlich genau den Gräbern aus Ägyptens vorgeschichtlicher Zeit.

Mastabas an der Westseite der Cheops-Pyramide. Hier wurden nahe Verwandte und hohe Beamte des verstorbenen Pharaos begraben.

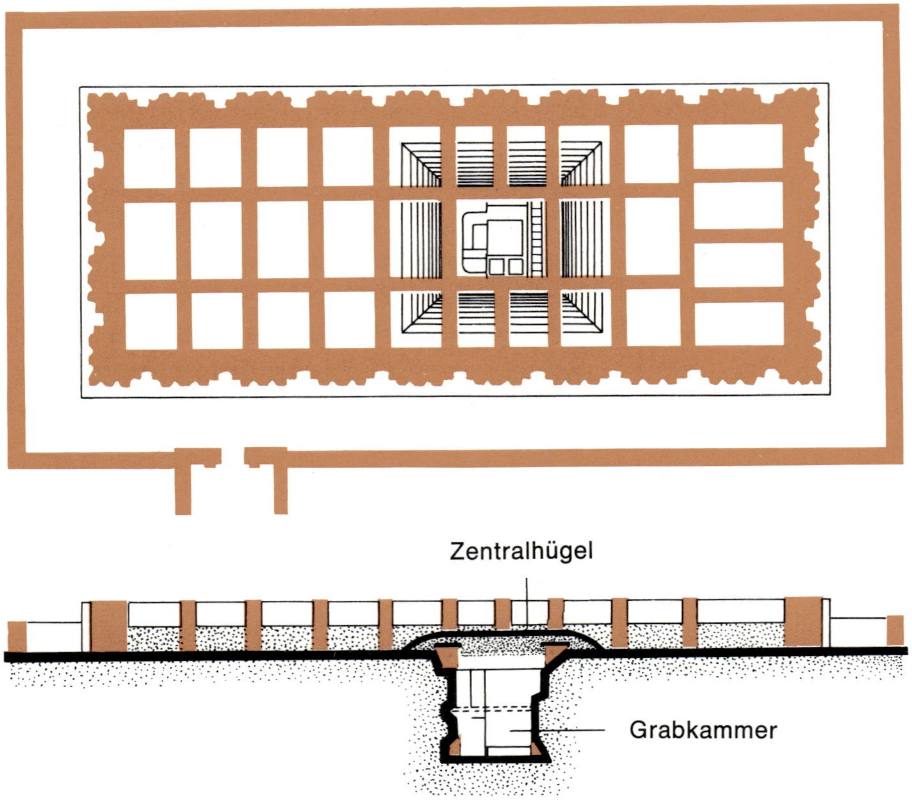

Grundriß und Querschnitt einer großen Mastaba aus der Zeit der großen Pyramiden. Der Grundriß zeigt, daß die Mastaba wie ein Haus gebaut war. Die Wände hatten keine Türen, da die Seelen der Toten — wie die Ägypter glaubten — auch Mauern durchdringen können.

Wozu brauchte ein Toter Weinkrüge und Jagdgeräte?

Über dem Erdhügel jedoch erhob sich auf einer wesentlich größeren Grundfläche (siehe Zeichnung) eine Ziegelkonstruktion, deren Inneres in 27 Räume aufgeteilt war. Die Räume waren gefüllt mit Weinkrügen und Schalen mit Nahrungsmitteln, mit Opfergaben der Überlebenden und mit Jagdgeräten und anderen Gegenständen, die Aha zu einem standesgemäßen Leben im Jenseits brauchte. An den Krügen befanden sich Krugsiegel, an den anderen Geräten elfenbeinerne Anhängeschildchen mit dem Namen des toten Herrschers. Die Wände waren in leuchtenden Farben bemalt, die Bilder zeigten geflochtenes Mattenwerk und bunte Girlanden – genau die gleichen Muster, die auch die Wände des königlichen Palastes geziert hatten.

Die Außenwände der Mastaba sind nur unvollständig erhalten. Sie waren wahrscheinlich etwa drei Meter hoch und zeigten bastionsartige Vorsprünge und zurückgesetzte Partien, wie man sie auch bei Festungsanlagen gefunden hat. Das Dach scheint leicht gekrümmt gewesen zu sein. Zwei Wälle, aus Stein gebaut und durch einen gepflasterten Gang voneinander getrennt, umschlossen die Anlage.

Etwa 13 m von der nördlichen Mauer entfernt fand man außer einigen Nebengebäuden eine mit Ziegeln ausgelegte Grube in Schiffsform. Sie war für das Schiff bestimmt, das der tote Pharao für seine Reise in das Jenseits brauchte.

Warum glich die Mastaba einem Haus?

Solche Mastabas waren sehr wahrscheinlich eine recht genaue Kopie des Palastes oder des Hauses, in dem der Verstorbene gelebt hatte. Denn für die alten Ägypter war das Grab die Stätte, an der der Verstorbene nach seinem Hinscheiden genauso weiterleben sollte, wie er es vor seinem Tod getan hatte. Zwischen Palast und Grab gab es – von einigen baulich bedingte Änderungen abgesehen – nur einen Unterschied: Es gab keine Türen, keine Fenster und keine Korridore. Die Türöffnungen waren *blind,* also nur angedeutet, gestatteten aber keinen echten Durchgang. Man glaubte ja, daß der Geist des Verstorbenen keine Tür brauchte, um auch durch dickste Mauern gehen zu können. Ebenso war man überzeugt, daß auch *ba* und *ka* ohne wirklichen Eingang jederzeit in die Mastaba eindringen könnten.

Die Dienerschaft des Toten wurde in kleineren Mastabas beigesetzt, die neben dem Zentralhügel errichtet wurden. Man ging davon aus, daß sie ihrem Herrn auch im Jenseits zur Verfügung stehen sollte. In der Frühzeit wurden sie zumeist gemeinsam mit ihrem Herrn begraben: Sie nahmen freiwillig Gift, da es zu ihren willig befolgten Pflichten gehörte, dem Verstorbenen auch nach dem Tod zu dienen.

Rings um Königsgräber fanden Archäologen auch die Grabstätten zahlreicher junger Frauen, die ebenfalls freiwillig aus dem Leben geschieden waren. Es waren die Ehefrauen des Königs, die sich nach seinem Tod das Leben nahmen, um auch im Jenseits mit ihm zusammen sein zu können. Die Fortsetzung des Lebens im Jenseits war für die Ägypter keine Frage des Glaubens, sondern unumstößliche Gewißheit. Der Tod hatte daher für sie keinen Schrecken.

Scheintür aus Akazienholz in einer Mastaba bei Giseh. Die Scheintür sollte die Ähnlichkeit mit dem Haus des Verstorbenen unterstreichen.

Sarkophag eines hohen Beamten in seiner Mastaba bei Giseh. Die Seiten des Sarkophags sind als Palastfassaden gestaltet.

Pharao Djoser und sein genialer Baumeister Imhotep (oben) besichtigen die Baustelle, an der die Stufenpyramide errichtet werden soll. Im Vordergrund bestimmen Sklaven mit Hilfe eines geknoteten Bandes einen rechten Winkel. Heute, über 4500 Jahre später, ist die Stufenpyramide (unten) ein Anziehungspunkt für Touristen aus aller Welt. Die Weißen Mauern im Vordergrund links ließ König Menes um 2900 v. Chr. als Festung gegen Angriffe aus Unterägypten errichten.

Berge von Menschenhand

In der ägyptischen Geschichte unterscheiden die Historiker zwischen der Vorzeit (5000 bis 2900 v. Chr.), der Früh- und Reichseinigungszeit mit der 1. und 2. Dynastie = Herrscherhaus (2850 bis 2660) und dem Alten Reich mit der 3. bis 6. Dynastie (2660 bis 2160). Hauptstadt war seit der Reichsgründung die von Pharao Menes gegründete Stadt und Festung Memphis an der Südspitze des Nildeltas, dort, wo Ober- und Unterägypten zusammenstoßen.

Wie hieß die Hauptstadt Altägyptens?

Die 3. Dynastie begann nach einer kurzen Regierungszeit des Pharaos Horus Sanacht, der fast spurlos in der Geschichte verschwunden ist, mit der Herrschaft des Pharao Djoser. Er regierte etwa von 2609 bis 2590. An seinem Hof lebte als sein engster Mitarbeiter ein Mann, den man das erste Genie der Weltgeschichte nennt: Imhotep (zu deutsch: der, der in Frieden kommt). Die Inschrift auf einer Imhotep-Statue nennt seinen vollen Titel: *Wesir des Königs von Unterägypten, Erster nach dem König von Oberägypten, Großer Haushofmeister, Inhaber der erblichen Adelswürde, Hoherpriester von Heliopolis, Baumeister, Bildhauer und Oberster Vasenhersteller.* Darüber hinaus war Imhotep ein bedeutender Schriftsteller und ein großer Arzt; noch 3000 Jahre später wurde er in Memphis und Theben als Gott der Heilkunst verehrt.

An Imhotep erging der königliche Befehl, in Sakkara (bei Memphis) ein Grab zu bauen. Es war damals üblich, daß die Könige ihre Grabstätten selbst bauen ließen – oftmals lange, bevor sie starben. Mit Imhoteps Bauwerk begann nach Form und Baumaterial eine neue Zeit, die Zeit der Pyramiden.

Wie sah die Mastaba aus, die Imhotep baute?

Imhotep ließ zunächst eine gewaltige Grabkammer bauen. Diese bestand aus einem unterirdischen Gelaß am Boden eines 27 Meter tiefen Schachts von 7 Meter Durchmesser. Sie war seitlich in den Fels getrieben, mit rötlichem Granit verkleidet und hatte zwei Stockwerke. In das untere Stockwerk gelangte man durch ein kreisrundes Loch von knapp 1 m Durchmesser am Boden der oberen Etage. Dieses Loch war durch einen 3 t schweren flaschenkorkenähnlichen Stöpsel aus Granit verschlossen. Die Grabkammer selbst, also die untere „Etage“, war etwa 3 m lang, 1,7 m hoch und ebenso breit. (Als Archäologen die Grabkammer öffneten, fand man darin nichts als einen mumifizierten menschlichen Fuß – wahrscheinlich ein Fuß des Djoser. Alles andere haben Grabräuber schon vorher entfernt.) Nun füllte man den Schacht mit Schutt und errichtete über dem Grab einen massiven Steinbau. Er war 63 m lang und 8 m hoch, das Dach war leicht gewölbt. Um diese riesige Mastaba zog man eine 10 m hohe Mauer. Sie umschloß ein Areal von 554 x 277 m. Die Außenwände der Mastaba bestanden aus sorgfältig geglättetem feinsten Kalkstein. Dieses Grabmal schien jedoch dem Pharao – oder seinem Baumeister? – nicht groß genug. Sie wurde allseitig erst um 3 m und dann um weitere 8,5 m erweitert. Vorher hatte man elf 33 m tiefe Schächte in den Fels getrieben, in ihnen wurden wahrscheinlich die Verwandten des Königs beigesetzt. Dann wurde die Mastaba abermals um 3 m erweitert – und nun baute Imhotep etwas völlig Neues: eine vierstufige Pyramide von 40 m Höhe. Dabei wurde die Nord- und die Westseite so erwei-

tert, daß die Pyramide im Grundriß fast quadratisch war; sie maß jetzt 125 x 110 m.
Schließlich wurde das Ganze ein letztes Mal umgestaltet: Es entstand eine sechsstufige, fast 60 m hohe Pyramide, in der insgesamt fast 900 000 t Steine verbaut worden waren. Die Bauzeit betrug 29 Jahre.
König Djosers Grabmal sieht von weitem aus wie sechs aufeinandergesetzte große Mastabas. Es war tatsächlich noch keine echte Pyramide; und so wird dieses Monument als Stufenpyramide, treffender jedoch als Stufenmastaba bezeichnet.

Wer ist der Erfinder des Steinbaus?

Neu war nicht nur die Form, sondern auch das Baumaterial. Zwar hatte man schon vorher Steine brechen und bearbeiten können. Die Gebäude jener Zeit waren aber bis dahin aus luftgetrockneten Ziegeln gebaut; nur Einzelteile wie Falltüren oder Bodenbeläge waren aus Stein gewesen. So bezeichnet Manetho den Wesir Imhotep zu Recht als „Erfinder des Steinbaus“. Der Stein war an Ort und Stelle gebrochen worden; nur der weiße Kalkstein für die äußere Verkleidung kam aus dem kleinen Ort Tura am jenseitigen Ufer des Nils.
Innerhalb der Mauer wurden weitere Bauten angelegt. Wahrscheinlich dienten sie rituellen Feierlichkeiten und als letzte Ruhestätten für hohe Beamte am königlichen Hof. Unklar ist bis heute der Zweck einer großen Mastaba, die im Süden des Pyramidenbezirks errichtet wurde: Auf dem Grund eines 30 m tief in den Fels getriebenen Schachts liegt eine Grabkammer. Sie besteht aus Rosengranit, die Wände sind blau gekachelt und mit reliefartigen Darstellungen des Pharaos Djoser bedeckt. Die Kammer enthielt

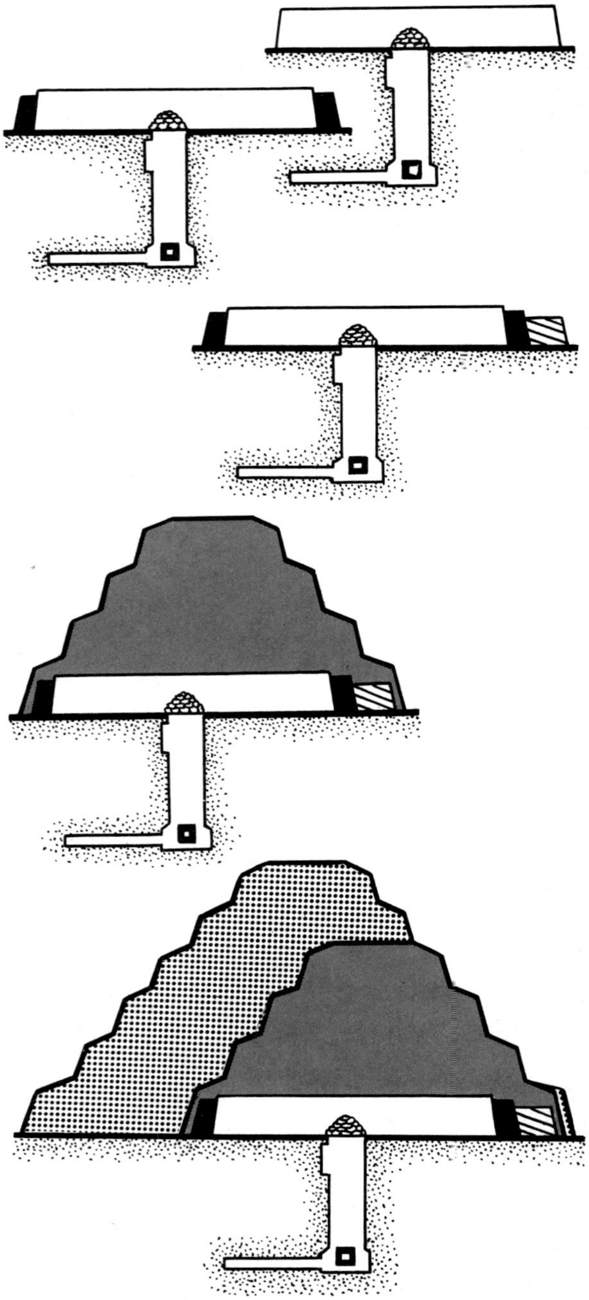

So entstand in fünf Baustufen aus einer großen Mastaba die erste Pyramide der Welt: Anfangs war das Grabmal des Pharao Djoser eine normale, allerdings besonders große Mastaba von 63 m Länge und 8 m Breite. Nach zwei allseitigen Vergrößerungen um insgesamt 11,5 m baute Imhotep die Mastaba in zwei weiteren Baustufen zu einer Pyramide von 125×110 m aus.

einen Sarkophag. Er war nur 1,60 m lang, also zu klein, um den Leichnam eines erwachsenen Mannes aufzunehmen. Es ist möglich, daß in diesem Grab die Eingeweide des Königs begraben wurden, die bei seiner Mumifizierung entfernt worden waren.

Diese Kalksteinstatue des Königs Djoser wurde im Innern seiner Stufenpyramide gefunden. Sie ist die älteste lebensgroße Steinplastik der Welt.

Rekonstruktionszeichnung des heiligen Bezirks um die Stufenpyramide des Djoser. Die von einer 10 m hohen Mauer umgebenen Bauten aus Kalkstein waren die Nachbildung seiner Residenz in Memphis.

Wer baute die erste Stufenpyramide?

Im Jahr 1951 fand man im Sand zu Füßen der Stufenpyramide in Sakkara die Überreste einer weiteren, allerdings unvollendeten Pyramide. Der Stumpf ist nur 7 m hoch, seine Seitenlänge beträgt 120 m. Offenbar war hier eine siebenstufige Pyramide von etwa 70 m Höhe geplant. Das völlig Neue war, daß dieses Bauwerk nicht als Stufenmastaba, sondern von Anfang an als Stufenpyramide mit konzentrischen Strebepfeilern (siehe Zeichnung) geplant war. Dieser Bau wird Djosers Nachfolger Sechemchet (um 2590 v. Chr.) zugeschrieben und gilt als erste echte Pyramide.
Eine dritte, noch kleinere Stufenpyramide wurde etwa 30 km nördlich von Sechemchets Bau entdeckt. Auch sie blieb unvollendet. Ihr Erbauer war Sechemchets Nachfolger Cha-Ba, der nur sechs Jahre regiert haben soll.
Die zeitlich nächste Pyramide – oder vielmehr das, was von ihr geblieben ist – hat ein merkwürdiges Aussehen. Unweit von Meidum erhebt sich aus mächtigen Schutthalden ein gewaltiger Querschnitt. Untersuchungen ergaben, daß diese Pyramide in drei Abschnitten gebaut worden war: Zunächst errichtete man eine siebenstufige Pyramide von etwa 60 m Höhe, darüber stülpte man eine achtstufige Pyramide von etwa 80 m, schließlich wurde das Bauwerk mit einem Mantel aus behauenen und geglätteten Steinblöcken verkleidet. Dieser Mantel hatte keine Stufen mehr, sondern glatte Seitenflächen. Die Pyramide von Meidum war also die erste, die wirklich echte Pyramidenform hatte.

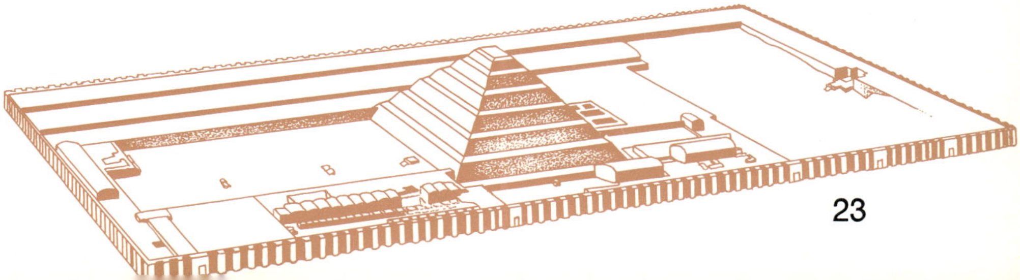

Es ist nicht überliefert, wie die Pyramide von Meidum ihre merkwürdige Form erhielt. Heute glaubt man, daß sich während des Baus eine ungeheure Katastrophe ereignet haben muß.

Von diesem glatten Mantel ist heute fast nichts mehr zu sehen. Lange glaubte man, Steinräuber hätten den Mantel und Teile des Innenbaus abgetragen, um sie für eigene Bauten zu verwenden oder zu verkaufen. Tatsächlich gibt es in Kairo Brücken und Moscheen, die aus gestohlenen Pyramidensteinen gebaut wurden. Sorgfältige Untersuchungen ergaben jedoch, daß das hier nicht zutreffen kann; die Menge, die in Meidum fehlt, ist zu groß, als daß sie heimlich hätte fortgeschafft werden können.

Wo ereignete sich die größte technische Katastrophe der Welt?

Heute glaubt man den Grund für das merkwürdige Aussehen der Meidum-Pyramide zu wissen: Beim Bau muß sich eine Katastrophe ereignet haben.

Vielleicht in Folge eines Erdbebens, wahrscheinlicher jedoch wegen des zu steilen Böschungswinkels der Seitenflächen (52 Grad) kam die ungeheure Steinmenge ins Rutschen. Dabei riß sie auch Teile des Innenbaus in die

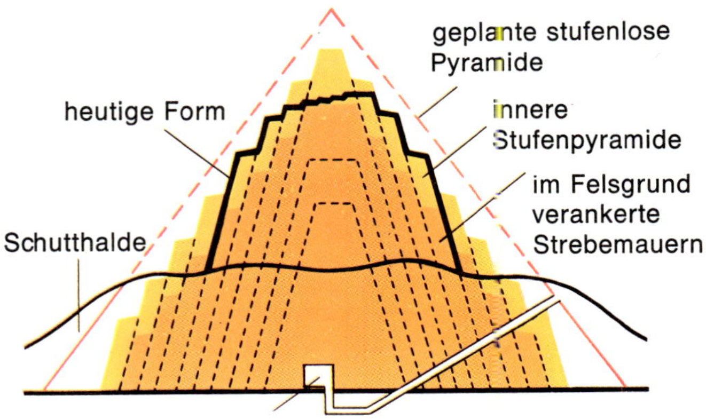

So war die Pyramide von Meidum geplant: Über zwei nacheinander gebauten Stufenpyramiden (braun und gelb) sollte eine echte stufenlose Pyramide (rot gestrichelt) errichtet werden. Dann kam die Katastrophe. Was stehen blieb, zeigt die fette schwarze Linie, der Rest ist unter Trümmerschutt (halbfette Linie) begraben.

Tiefe. Die riesigen Schutthalden am Fuß der Pyramide sind also die Trümmer der äußeren Verkleidung.
Dieses Unglück ist wahrscheinlich die größte Baukatastrophe der Geschichte. Beim Bau der Pyramide wurden viele Zehntausende von Steinmetzen, ungelernten Arbeitern, Bauern und Sklaven eingesetzt – alle auf engstem Raum und direkt auf der Pyramide oder in ihrer unmittelbaren Nähe. Wieviel Menschen bei diesem künstlichen Erdrutsch den Tod fanden, kann man nur ahnen.
Im Gegensatz zu allen bisherigen Pyramiden liegt die Grabkammer von Meidum nicht unter, sondern in der Pyramide selbst. Man erreicht sie durch einen niedrigen Stollen, dessen Eingang über dem Boden liegt. Er führt mit einer Neigung von 28 Grad nach unten. Aus der Grabkammer kann man durch den Gang wie durch ein Fernrohr den Polarstern (in seiner damaligen Position) sehen.

Der Gang zur Grabkammer der Pyramide von Meidum. Nur Wissenschaftler dürfen das Innere des Bauwerks betreten, Touristen haben keinen Zutritt.

Wie entstand die Knickpyramide?

Die Theorie, daß der Steinmantel von Meidum nicht gestohlen, sondern in sich zusammengebrochen ist, findet in der zeitlich folgenden Pyramide ihre Bestätigung. Mehrere Kilometer südlich von Meidum erhebt sich bei Dahschur die *Knickpyramide.* Auch sie bietet einen ungewöhnlichen Anblick: Bis zur Höhe von 45 m steigen die Seitenwände mit einem Steigungswinkel von 54 Grad steil an. Dann plötzlich wird die Steigung nach einem scharfen Knick geringer; der Winkel beträgt nur noch 43,5 Grad. So wurde das Monument nicht, wie sicher geplant, 135 m, sondern nur 101 m hoch. In der Knickpyramide wurden 3,5 Mill. t Gestein verbaut.
Die Bauarbeiten in Dahschur fingen offenbar kurz nach dem Baubeginn in Meidum an. Als sich dort die furchtbare Katastrophe ereignete, hatte die Dahschur-Pyramide gerade die Höhe erreicht, in der jetzt der Knick liegt. Sofort beschlossen die Baumeister von Dahschur, den Fehler von Meidum nicht zu wiederholen – der Steigerungswinkel wurde verringert.

Ägyptens heutige Hauptstadt Kairo mit der Zitadelle und der Alabaster-Moschee (Bildmitte). Viele Brücken und Moscheen wurden mit Steinen gebaut, die von den Pyramiden gestohlen wurden.

Die Knickpyramide hat an ihrer Ostflanke einen kleinen Totentempel, von dem ein steinerner Damm an den Nil hinunter führt. Dort wurde im letzten Jahrhundert ein Taltempel mit besonders schönen Relieffriesen ausgegraben. Sie zeigen junge Ägypterinnen aus allen Gauen des Landes, die dem Pharao die ihm zustehenden Tributgaben darbringen.

Als nächste entstand nur wenig nördlich von der Knickpyramide die *Rote Pyramide.* Sie ist die erste reine Pyramide, die fast völlig erhalten geblieben ist. Auch hier nahm die Angst vor einer Wiederholung der Katastrophe von Meidum sichtbare Form an: Der Böschungswinkel entspricht vom Erdboden an dem des Oberteils der Knickpyramide.

Welchen Nachteil hatte die geringe Neigung der Roten Pyramide?

Diese geringe Neigung hatte einen Nachteil: Die Seitenwände waren leicht von Steinräubern zu besteigen, im Lauf der Jahrtausende wurde fast der gesamte Kalksteinmantel abgetragen. Das nun bloßliegende Innengestein hat einen tieferen, dunkleren Farbton als die benachbarten Bauten; so entstand der Name Rote Pyramide. Der wiederum auf den Polarstern ausgerichtete Zugang führt zu drei Gewölben, die hintereinander liegen. Der letzte und größte ist 9,50 m lang und 4 m breit. Auch hier waren die Grabkammern leer; es fanden sich weder ein Sarkophag noch andere Zeichen dafür, daß hier jemals ein Mensch bestattet wurde. Lange Zeit wußte man nicht, wer die drei letztgenannten Pyramiden, also die von Meidum, die Knick- und die Rote Pyramide gebaut haben könnte. Einige Forscher nahmen an, daß zumindest die Rote Pyramide für, bzw. von Huni, dem letzten Pharao der Dritten Dynastie errichtet worden sei. Heute ist man auf Grund von Funden und Grafittis (in die Mauer gekratzte Inschriften) überzeugt, daß alle drei Pyramiden ein und demselben Pharao zuzuschreiben sind, dem Pharao Snofru (um 2550 v. Chr.), Begründer und erster Herrscher der Vierten Dynastie. Auf die Frage, warum sich ein Pharao gleich drei Pyramiden bauen ließ (obwohl sein Leichnam doch nur in einer einzigen bestattet werden konnte), gibt es keine schlüssige Antwort.

Das Pyramidenfeld bei Dahschur: Von links die Mastaba Faru'un; die letzte große Pyramide der Pyramidenzeit, errichtet von Pharao Phiops II.; die Knickpyramide und ganz rechts die Rote Pyramide.

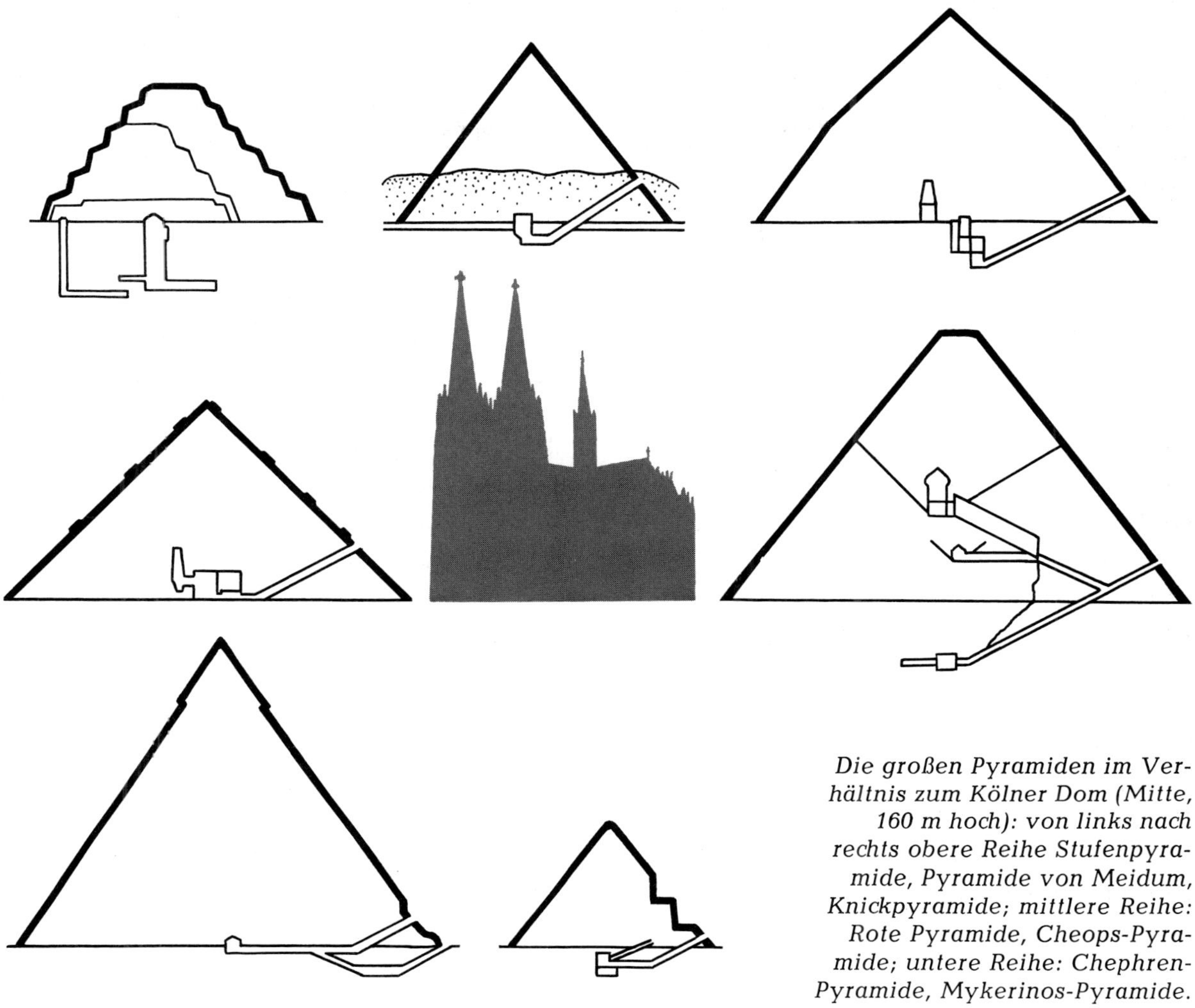

Die großen Pyramiden im Verhältnis zum Kölner Dom (Mitte, 160 m hoch): von links nach rechts obere Reihe Stufenpyramide, Pyramide von Meidum, Knickpyramide; mittlere Reihe: Rote Pyramide, Cheops-Pyramide; untere Reihe: Chephren-Pyramide, Mykerinos-Pyramide.

Die großen Pyramiden

Wer baute die größte ägyptische Pyramide?

Der Sohn des Pharao Snofru, Pharao Cheops, regierte etwa von 2551 bis 2528 v. Chr. Er ließ bei Giseh die größte ägyptische Pyramide bauen, die nach ihm benannte Cheops- oder auch Große Pyramide. Wer sie entwarf, der König selbst oder einer seiner Baumeister, ist unbekannt. Cheops soll an Kunst und Wissenschaft sehr interessiert gewesen sein; alten Berichten zufolge liegen von ihm gezeichnete Baupläne in der Pyramide verborgen. Die Cheops-Pyramide liegt am Westufer des Nils, der heutigen ägyptischen Hauptstadt Kairo gegenüber. Sie war anfangs 146 m hoch, die Seitenlänge beträgt 231 m. Sie besteht aus rund 2,3 Mill. Steinblöcken mit einem Durchschnittsgewicht von 2800 kg. Insgesamt wiegt die Pyramide etwa 6400000 t. Der Böschungswinkel beträgt wieder wie bei den ersten Pyramiden knapp 52 Grad; man hatte inzwischen gelernt, auch steile Böschungen abrutschsicher zu bauen. Die 8 m hohe Spitze der Pyramide ist nicht mehr vorhanden. Entweder ist sie bei einem Erdbeben herabgestürzt oder sie wurde gestohlen. Wahrscheinlich war sie aus Gold.

Ein Kamelführer im Gebet vor den drei großen Pyramiden von Giseh, von rechts die Cheops-, die Chephren- und die Mykerinos-Pyramide. Die kleinen Pyramiden sind Grabmäler von Königskindern.

Im vorigen Jahrhundert fand man im Sand zu Füßen der Pyramide einen Rest der Außenverkleidung. Sie bestand aus blank polierten Steinblökken, die so dicht gefugt waren, daß nicht einmal die Schneide eines Messers dazwischen paßte. In ihrem ursprünglichen Zustand war die Cheops-Pyramide also ein funkelnder weißer Berg, dessen Seiten die Sonenstrahlen reflektierten. Im Altertum galt sie als das erste der Sieben Weltwunder.

Wer drang als erster in die Cheops-Pyramide ein?

Der erste, der in die Cheops-Pyramide eindrang, war der Kalif Abd Allah al-Ma'mun (813–833), ein Sohn des Harun ar-Raschid. Der eigentliche Eingang war damals noch unbekannt, er lag hinter den Steinen des äußeren Mantels unsichtbar verborgen. Al-Ma'mun ließ einen Tunnel brechen (es ist der, den die Touristen noch heute benutzen, um die Innenräume der Pyramide zu besichtigen). Durch den neuen Tunnel ereichte der Kalif das Ende des aufsteigenden Ganges (siehe Zeichnung), wo drei 15 t schwere Granitblöcke den weiteren Weg versperrten. Al-Ma'mun ließ die Blöcke aus dem

Der ursprüngliche Eingang der Cheops-Pyramide. Er wurde erst im vorigen Jahrhundert entdeckt.

Weg räumen. Der nun offen gelegte schräg abwärts führende Gang führte in einen seltsamen Raum. Es ist eine in den Fels gehauene Kammer, die den Eindruck erweckt, nicht fertig geworden zu sein. Nur die Decke ist glatt gemeißelt. In der Mitte ist ein Brunnen. Im letzten Jahrhundert grub man den Brunnenschacht 14 m tief aus, dann weigerten sich die Arbeiter, weiter zu graben. Bis heute weiß man nicht, wo der Brunnen endet und wozu er errichtet wurde. Herodot berichtet, daß der Sarkophag des Pharao sich unter der Erde auf einer von Wasser umgebenen Insel befinden solle. Aber von einem Grab oder einem Sarkophag ist in dieser Kammer nichts zu entdecken.

Da, wo al-Ma'mun die drei Granitblöcke hatte entfernen lassen, brach plötzlich ein weiterer großer Stein aus der Decke. Er gab einen Gang frei, der – etwa 20 m unterhalb des eigentlichen Eingangs – wieder nach oben führt. Nach 30 m geht er in einen waagerechten Gang über, der zu einer weiteren Kammer führt. Diese Kammer wirkt ebenfalls unvollendet und wird *Kammer der Königin* genannt. Trotz ihres Namens wurde sie wahrscheinlich nie benutzt.

Was fand man in der Königskammer?

Schließlich führt der aufsteigende Stollen über den Punkt hinaus, wo der ebene Gang abzweigt, noch weiter nach oben. Die Passage ist 47 m lang und fast 9 m hoch. Die Wände bestehen aus glattbehauenem Kalkstein. Diese *Große Galerie* führt in einen 10,50 m langen, 5,30 m breiten und 5,80 m hohen Raum, die *Königskammer.* Sie ist vollständig mit Granit ausgekleidet, aber ohne jede Verzierung. Hier steht ein großer leerer Sarkophag ohne Deckel. Er muß schon hergebracht worden sein, als die Pyramide noch im Bau war; denn er paßt durch keinen Gang.

Von der Königskammer führen zwei enge Luftschächte über kleine Öffnungen in dem Pyramidenmantel ins Freie. Tote brauchen aber keine Luft – auch darum war die Königskammer mit Sicherheit keine Grabkammer.

Neben der Cheops-Pyramide fand man einige kleinere Mastabas und drei kleine Pyramiden, in denen die Verwandten des Herrschers und seine höchsten Beamten bestattet wurden. Außerdem entdeckte man eine Anzahl

Die Königskammer in der Cheops-Pyramide. In dem Granit-Sarkophag, dessen Deckel fehlt, hat wahrscheinlich nie ein Pharao gelegen.

Die Elfenbein-Plastik des Pharao Cheops (links in Originalgröße) ist die einzige erhalten gebliebene Abbildung des Königs. — Im Taltempel des Königs Chephren fand man die überlebensgroße Statue des Pharaos aus graugrünem Diorit (rechts). Der Falkengott Horus breitet schützend seine Schwingen über dem Herrscher aus.

von Schiffsgruben, die wahrscheinlich die Schiffe enthielten, mit denen die Toten der Mastabas und kleinen Pyramiden ihre Fahrt ins Jenseits antreten sollten. Diese Schiffsgruben waren leer, wahrscheinlich schon vor langer Zeit ausgeplündert. 1954 entdeckte man schließlich an der Südflanke der Cheops-Pyramide 41 große Kalksteinblöcke, jeder war fast 5 m lang. Als man sie hob, fand man die Reste eines 43 m langen Schiffes – wahrscheinlich das Schiff für den König. Wo jedoch der König selber ruht, weiß man bis heute nicht. Der Pharao hat seine Grabstätte gut versteckt.

Wie wurde das Innere der Chephren-Pyramide vermessen?

Unmittelbar neben der Pyramide des Cheops steht die seines Sohnes Chephren (etwa 2520–2494 vor Chr.). Mit 136 m Höhe ist sie 2 m niedriger als die des Cheops. Da sie aber etwas höher steht, wirkt sie größer. Ihr Inneres besteht aus Steinblöcken unterschiedlicher Größe. Die Verkleidung aus weißem Tura-Kalkstein blieb an den oberen Wandpartien weitgehend erhalten, die unterste Lage der Ummantelung besteht aus Granit.

Die Innenkonstruktion ist verhältnismäßig einfach. Zwei Eingänge führen in zwei Stollen, die sich unter der Pyramide treffen. Sie enden in einer Grabkammer, die ebenfalls unter der Pyramide genau unter dem Scheitelpunkt liegt. In den Boden ist ein schöner Granitsarkophag eingefügt, der Deckel lag daneben – wahrscheinlich von Grabräubern zerbrochen.

Um herauszufinden, ob es im Innern des Bauwerks wie in der Cheops-Pyramide verborgene Kammern gibt, bediente man sich einer hochmodernen Methode: der Messung mit Höhenstrahlen. Das sind sehr energiereiche Strahlen aus dem Weltenraum, die auch dickstes Material durchdringen. Dabei verlieren sie Energie – in Stein mehr als in Luft. Strahlen, die beim Durchlaufen der Pyramide Hohlräume passieren, müßten also weniger Energie verlieren als parallel laufende Strahlen, die nur durch Mauerwerk dringen. 1970 wurde in der Grabkammer ein Gerät aufgestellt, das die einfallenden Höhenstrahlen maß. Ergebnis: Die Chephren-Pyramide hat weder Hohlräume noch Kammern.

Zur Chephren-Pyramide gehört eines der großartigsten Bauwerke, das aus der Zeit des Alten Reiches erhalten geblieben ist, der Taltempel an der Ostseite der Pyramide. Er be-

Was fand man im Taltempel des Chephren?

Der Granitpfeilersaal des Taltempels an der Ostseite der Chephren-Pyramide

steht aus gewaltigen Kalksteinblöcken und ist innen und außen mit glattpoliertem Granit verkleidet. Das Dach über der T-förmigen Halle wird von 16 Granitpfeilern von quadratischem Querschnitt getragen, der Boden ist aus Alabaster. In der Halle fand man eine Statue des Chephren aus Diorit. Hinter dem Kopf des Pharao breitet ein Horus-Falke schützend seine Flügel aus. Bei dem Taltempel steht die *Sphinx,* der Kopf des Pharao Chephren auf dem Leib eines Löwen. (Diese im Altertum verbreiteten Mischgestalten sollten die Kraft des Herrschers symbolisieren.) Die Sphinx von Giseh ist aus dem Fels erhaben herausgehauen, 73,5 m lang und 20 m hoch. Obwohl sie den Türken im vorigen Jahrhundert als Ziel für Artillerieübungen diente, ist der Pharao deutlich zu erkennen – er scheint in eine andere Welt zu blicken. Die dritte große Pyramide von Giseh wurde von Chephrens Sohn Mykerinos (ägypt. Menkaure) gebaut. Mit einer Kantenlänge von 108 m und einer Höhe von 70 m enthält sie nicht einmal ein Zehntel der in jeder der beiden großen Pyramiden verbauten Steinmenge. Der Zugang ist auf den Polarstern ausgerichtet und führt zu drei Grabkammern unter dem Scheitelpunkt. Ein britischer Forscher fand 1837 in der zweiten Kammer einen Basaltsarkophag, einen hölzernen Sargdeckel und eine Mumie. Sargdeckel und Mumie stammen, das bewiesen genaue Untersuchungen, aus späterer, frühchristlicher Zeit. Der Sarkophag sollte per Schiff nach London gebracht werden. Das Schiff sank im Sturm – und der Sarkophag ruht nun im Mittelmeer.

Die Sphinx von Giseh, eine symbolische Darstellung des Pharao Chephren, wurde in einem Stück aus dem Fels gehauen. Sie wurde auch als „Harmachis" (Horus im Horizont) göttlich verehrt.

Chepseskaf, ein Sohn des Mykerinos, war der letzte Pharao der Vierten Dynastie. Sein Grab hat nicht mehr Pyramidenform, sondern sieht wie ein riesiger Sarkophag aus. Es ist 100 m lang, 72 m breit und 20 m hoch. Die Araber nennen es *Mastabat Faru'un,* die Pharaonenbank. Die Grabkammer erreicht man durch einen nach Norden ausgerichteten Gang. Er war leer.

Wie endete das Alte Reich?

In der Fünften und Sechsten Dynastie neigten sich Glanz, Macht und Ruhm der Gottkönige in Memphis ihrem Ende zu. Die Pharaonen bauten weiterhin Pyramiden, aber es waren durchweg kleine, unbedeutende Bauten, in nichts mit ihren großen Vorbildern zu vergleichen. Schon darin drückt sich die schwindende Macht der ägyptischen Herrscher aus. Die Gauverwalter, dem König bisher treu ergeben und unbedingt verantwortlich, wurden fast unabhängige Gaufürsten. Die aus Heliopolis kommende Sonnenreligion wurde Staatsreligion, die Priester der Sonnenstadt rissen die Macht an sich. Aus dem *Gottkönig* wurde ein *Sohn der Sonne,* also nun ebenfalls nur noch ein Diener der Sonne, fast ein Sterblicher. Allmählich erlosch die Idee des Gottkönigtums.

Gegen 2160 v. Chr. erhoben sich die Gaufürsten gegen Phiops II., den letzten Herrscher der Sechsten Dynastie und rissen die Macht an sich. Das Alte Reich brach auseinander.

König Mykerinos mit der Göttin Hathor (links) und einer lokalen Gottheit. Die fast meterhohe Steinstatue wurde im Taltempel des Mykerinos gefunden.

Wie die Ägypter eine Pyramide bauten

Woher weiß man, wie Pyramiden gebaut wurden?

Es gibt keine schriftlichen Berichte darüber, wie Pyramiden gebaut wurden; weder Konstruktionszeichnungen noch Berichte vom Bau selbst blieben erhalten. Untersuchungen an fertigen und unvollendeten Pyramiden gestatten jedoch Rückschlüsse auf die Baumethoden jener Zeit. Bis auf einige noch ungeklärte Einzelheiten kann man die Vorgänge recht genau rekonstruieren.

Der Bau einer Pyramide begann mit der Bestimmung des Ortes, an dem sie errichtet werden sollte. Sie mußte im Westen stehen; im Westen geht die Sonne unter. Man glaubte ja, daß der Pharao nach seinem Tod den Sonnengott Re auf der täglichen Reise über den Himmel begleitete; Treffpunkt war der Sonnenuntergang, also der Westen. Die Pyramide mußte dicht am Nilufer stehen; denn das Baumaterial wurde teilweise auf dem Wasserweg zur Baustelle gebracht. Der Untergrund mußte so fest sein, daß er nicht unter dem ungeheuren Gewicht des Bauwerks nachgab. Und schließlich mußte die Pyramide nicht allzu weit von der Hauptstadt oder dem Palast des Herrschers gebaut werden; der Pharao wollte sein künftiges Grab immer sehen können.

War der Platz gefunden, wurde die Sandschicht über dem festen Gestein entfernt und der Untergrund planiert. Dazu baute man um das Geviert, auf dem die Pyramide stehen sollte, einen wasserdichten Wall aus Sand und Steinen. In den Fels wurde ein dichtes Netz von kleinen Kanälen gehauen, die Kanäle wurden mit Wasser gefüllt. Die Höhe des Wassers wurde an den Seiten der Kanäle eingezeichnet, das Wasser wurde wieder abgelassen. Nun entfernten Steinmetze alles, was über die Linien hinausragte, die Kanäle wurden wieder zugemauert. Übrig blieb eine waagerechte Fläche, der Untergrund der Pyramide. Diese Methode war erstaunlich genau: Die Südostecke der Cheops-Pyramide steht nur zwei cm höher als die Nordwestecke.

Ein Pharao steckt mit einer Priesterin der Sefchetabwi, der Göttin des Bauens und der Schrift, den Grundriß eines Tempels ab.

Der klassische Pyramidenkomplex bestand aus der Pyramide und dem angebauten Totentempel, beide waren von einer hohen Mauer umgeben. Der „Aufweg", eine Art Damm, führte zum Taltempel, der am Nilufer lag.

Als nächstes wurde die Nordrichtung bestimmt. (Kompasse gab es noch nicht.)

Wie fanden die Ägypter die Nordrichtung?

Etwa in Baustellenmitte wurde eine kreisförmige mannshohe Mauer mit genau waagerechter, glatter Oberkante gebaut. Das war der künstliche Horizont. Im Kreiszentrum erwartete ein Priester den Aufgang des Abendsterns; die Stelle, an der dieser über der Mauer auftauchte, markierte er auf dem künstlichen Horizont, ebenso einige Stunden später die Stelle seines Untergangs. Die Linien von den beiden Punkten zur Kreismitte bildeten einen Winkel, die Mittellinie dieses Winkels zeigte genau nach Norden. Vorsichtshalber wurde dieses Verfahren mit anderen Sternen wiederholt. Auch diese Meßmethode war sehr genau: Die Nordkante der Cheops-Pyramide weicht nur um den dreißigsten Teil eines Grades von der Nordrichtung ab.

Nun wurde das Geviert abgesteckt, auf dem die Pyramide errichtet werden sollte. Dabei bediente man sich eines mit Knoten versehenen Seils, das unter gewissen Bedingungen genau einen rechten Winkel anzeigte.

Jetzt folgte eine Feier, der eine weitaus größere Bedeutung als der Grundsteinlegung bei modernen Bauten zukam: In Begleitung des Hohen Priesters vermaß der Pharao noch einmal die Nordrichtung und schritt dann das Geviert der künftigen Pyramide ab.

Inzwischen hatte auch die Arbeit in den Steinbrüchen begonnen.

Wie wurden Steinblöcke aus dem Fels gehauen?

Nach Angabe der Bauzeichnungen wurden dort Steinblöcke bestimmter Größe aus dem Fels gelöst. Die meisten Blöcke hatten rundherum 1,30 m lange Kanten und wogen 2,5 t. Es gab aber auch Megalithe von 200 t und mehr. Für die Arbeit am Stein besaßen die Ägypter erstaunlich gute Werkzeuge. Sie hatten Sägen, Meißel, Hämmer und Bohrer aus Kupfer, die Griffe waren aus Holz. Außerdem verwendeten sie Kugeln aus Dolerit, das ist ein harter grüner Stein, der in der Wüste ostwärts des Roten Meeres gefunden wird. Mit diesen Kugeln schlugen die Arbeiter

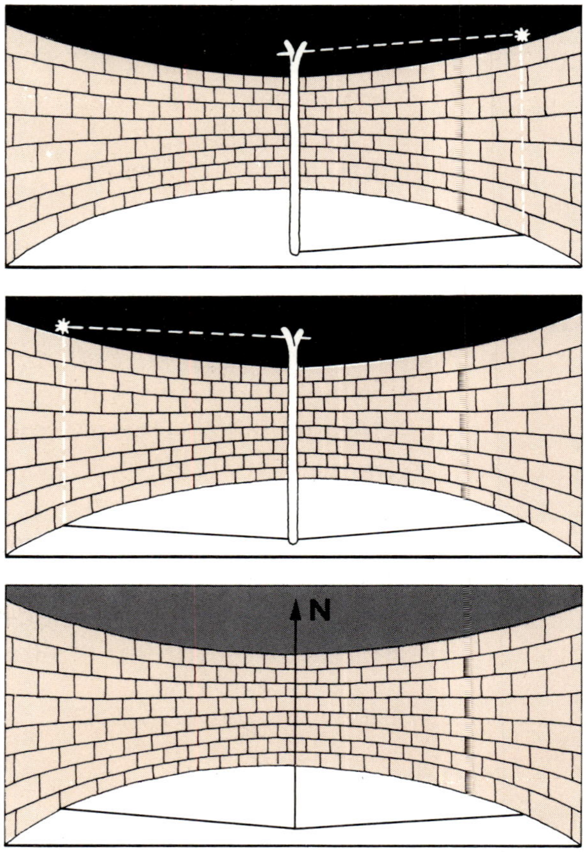

Die Linie, die den Winkel zwischen Auf- und Untergangspunkt eines Sternes halbiert, zeigt stets genau nach Norden.

entlang der aufgezeichneten Trennlinie auf den Stein, bis er dort auseinanderplatzte.

Für besonders harten Stein gab es zwei weitere Trennmethoden:

- Entlang der Trennlinie wurden Löcher in den Fels gebohrt. In die Bohrlöcher steckte man Holzscheite, die mit Wasser übergossen wurden. Das Holz quoll und sprengte den Quader vom Urgestein ab.

• Entlang der Trennlinie wurden Feuer auf dem Stein entzündet. War der Stein heiß geworden, wurden die Flammen plötzlich mit Wasser gelöscht. Der Stein, der sich in der Wärme des Feuers ausgedehnt hatte, zog sich schnell zusammen und platzte ab.
Auf jeden Block wurde mit Ockerfarbe geschrieben, für welche Stelle der Pyramide er bestimmt war. Allerdings fand man auch Inschriften, die sich nicht auf den Bau bezogen. Sie reichten von „Wie mächtig ist die weiße Krone des Cheops" bis zu „Wie war der Pharao betrunken."
Nun wurde der Block auf ein schlittenartiges Gestell gehoben, mit Stricken befestigt und zur Baustelle gezogen. Der weiße Kalkstein für den Pyramidenmantel kam jedoch aus Tura, einem Ort am östlichen Nilufer. Hier wurden die Blöcke auf Lastensegler verladen, und nach Giseh gesegelt.

Wie wurde ein Sarkophag in die Grabkammer gesenkt?

Inzwischen war der Sarkophag für den (noch lebenden) Pharao in die Grabkammer gebracht worden. Das mußte schon jetzt geschehen, da der Sarg meist so groß war, daß er nicht durch die Gänge und Schächte der Pyramide paßte. Die alten Ägypter kannten weder Flaschenzug noch Kran; dennoch brachten sie es fertig, den viele Tonnen schweren Sarkophag sicher in die Grabkammer abzusenken. Zunächst wurde die Grabkammer mit einer Mauer gegen den Zugang verschlossen. Dann wurde sie bis zum Oberrand mit Sand gefüllt. Auf den Sand stellte man den Sarkophag. Nun wurde die Trennmauer zum Gang entfernt und der Sand unter dem Sarkophag vorsichtig fortgeschaufelt. Mit abnehmender Sandmenge senkte sich

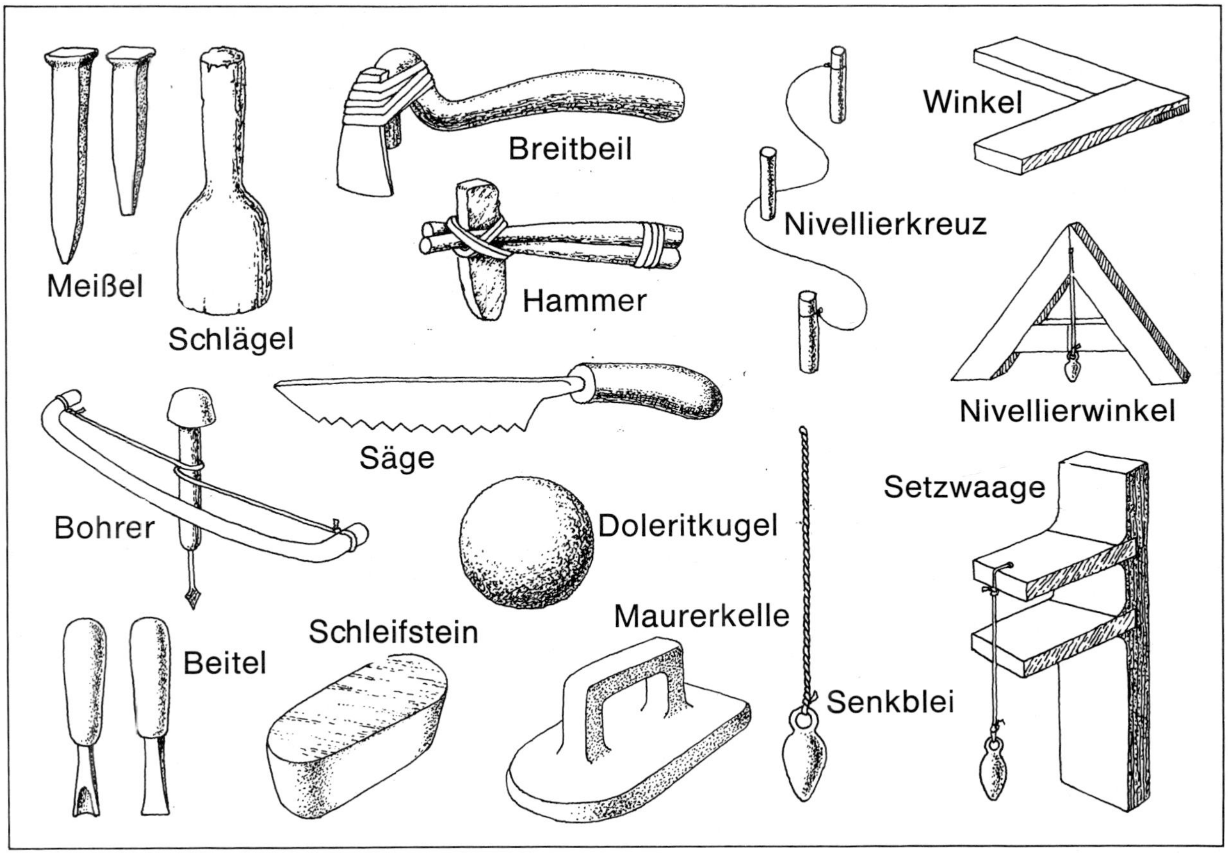

Alle Pyramiden wurden nur mit diesen Werkzeugen gebaut. Die Ägypter kannten weder Eisen noch Bronze, weder Kran noch Flaschenzug. Bohrer und Sägen waren aus Kupfer.

Sklaven und Gefangene mußten bei dem Pyramidenbau schwerste Arbeit verrichten. Viele ägyptische Bauern jedoch machten freiwillig mit. Für sie war es eine Ehre, sich zwischen Aussaat und Ernte an dem Werk zu beteiligen.

der Sarg, bis er schließlich auf dem Boden der Grabkammer aufsetzte.
Jetzt kam das Schwerste und Gefährlichste: der Transport der Steinblöcke von ebener Erde auf die jeweilige Bauplattform der Pyramide. Die Steine für die erste, untere Schicht waren leicht zu schleppen, man hatte keine Steigung zu überwinden. Aber die Pyramide wuchs – und mit ihr die Mühen, die Steine auf die jeweils oberste Plattform zu transportieren.
Um den Transport zu ermöglichen, schütteten die Ägypter riesige Rampen auf, die sie mit Holz und Mörtel befestigten. Bei der Pyramide von Meidum und bei der des Sechemchet in Sakkara sind Reste dieser Rampen erhalten geblieben. Die Gelehrten streiten sich aber bis heute über Anzahl und Form dieser Rampen. Die einen sagen, man habe jeweils nur eine einzige riesige Rampe gebaut; sie sei an einer der vier Pyramidenseiten errichtet und mit zunehmender Höhe der Pyramide mit erhöht worden. Andere Forscher mei-

nen, man habe vier Rampen gebaut, an jeder Seite eine; diese Rampen hätten sich wie Schlangen um die wachsende Pyramide gewunden. Und wieder andere schließlich behaupten, die Rampe — oder Rampen — seien nur zu den unteren Bauschichten gebaut worden; weiter oben seien sie als kleine Dämme und Lauframpen fortgeführt worden. Es ist denkbar, daß alle drei Methoden angewandt wurden: vier Rampen für große, eine Rampe für kleinere Pyramiden.

Auf der Bauplattform wurde der Quader möglichst dicht an die für ihn vorgesehene Stelle gezogen. Diese Stelle und die Seiten der benachbarten Steinblöcke wurden mit Mörtel bedeckt, der Stein wurde vom Schlitten gehoben und mit Stangen an seinen endgültigen Platz gehebelt. So wurde Stein um Stein zu einer Stufenpyramide mit einem von Strebemauern

Welche Form hatte der innere Teil der Pyramide?

gestützten Mauerkern gefügt. Die Stufenform erreichte man, indem man beim allmählichen Wachsen der Pyramide nach und nach immer weniger Strebemauern in die Höhe führte. Nach Vollendung der Stufenpyramide wurden die einzelnen Stufen mit Steinpakkungen ausgefüllt. Diese Zwischenschicht wurde abschließend mit weißen Tura-Kalkstein verkleidet. Die Blöcke waren so geschliffen und poliert, daß sie zusammengesetzt die glatte und spiegelblanke Oberfläche der Pyramide ergaben.
Beim Bau der Außenflächen gab es ein Problem: Die vier seitlichen Kanten mußten sich im Scheitelpunkt der Pyramide treffen. Etwaige Fehler ließen

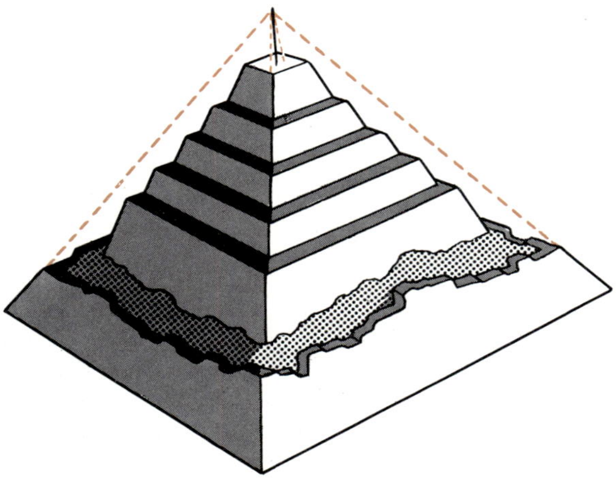

Auf der obersten Plattform der Stufenpyramide, die Kern jeder echten Pyramide war, stand ein Markierungsstab. Die Pyramidenkanten wurden so gebaut, daß sie in der Spitze des Stabes zusammenliefen.

sich nachträglich nicht mehr korrigieren. Eine Abweichung von nur zwei Grad an einer der Kanten würde zum Beispiel bei der Cheops-Pyramide bedeutet haben, daß sie den Schnittpunkt der anderen Kanten um 15 m verfehlt hätte.
Um das zu verhindern, bohrten die Ägypter in die Mitte der obersten Plattform der inneren Stufenpyramide ein Loch. In dieses Loch stellten sie eine Stange, die genau in dem Punkt endete, in dem die vier Seitenkanten zusammenlaufen sollten. Auf diesen Orientierungspunkt hin wurden die vier Kanten mit bloßem Auge gebaut – ein Kantenführungsfehler war praktisch ausgeschlossen.

Wieviel Menschen arbeiteten an der Cheops-Pyramide?

Die Organisation der Baudurchführung war bewundernswert einfach: Zu jedem Stein gehörte ein Trupp mit einem Vorarbeiter. Der Trupp für den durchschnittlichen Stein von 2,5 t Gewicht war acht Mann stark; war der Stein schwerer, war der Trupp größer. Die Männer eines Trupps blieben von Anfang bis Ende bei „ihrem" Stein; hatten die Steinmetze ihn aus dem Fels gebrochen, transportierte der Trupp ihn zur Baustelle, schleppte ihn die Rampe hinauf und verlegte ihn an der vorgeschriebenen Stelle. War die Arbeit getan, zog der Trupp mit seinem Schlitten über hölzerne Hilfsgerüste neben den Rampen zum Steinbruch zurück, um den nächsten Stein zu brechen. Die Arbeit an einem Stein, von den ersten Schlägen mit der Doloritkugel bis zum Abmarsch von der Pyramide, dauerte durchschnittlich acht Tage.
An der Cheops-Pyramide arbeiteten laut Herodot 100 000 Mann, vor allem Bauern und Sklaven, viele kamen freiwillig, da sie stolz darauf waren, beim Bau der Pyramide helfen zu dürfen. Sie arbeiteten nur in den Monaten August bis Oktober, in denen der Nil die Äcker unter Wasser setzte. Gaben die Nilfluten das überschwemmte Land wieder frei, kehrten die 100 000 Mann auf ihre Felder zurück.
Weitere 4000 Mann arbeiteten das ganze Jahr über an der Pyramide. Es waren Architekten sowie Steinmetze und andere Handwerker. Sie bauten die Tempelanlagen, mauerten die Gänge in der Pyramide aus, meißelten Friese,

malten Wandbilder und bereiteten den Einsatz der 100 000 für das kommende Jahr vor. Sie wohnten mit ihren Familien in festen Häusern, deren Überreste noch heute zu sehen sind. In den Häusern bei der Cheops-Pyramide wohnten sie 20 Jahre lang – denn solange dauerte der Bau des steinernen Monuments.

100 000 Menschen, 20 Jahre, über 2 Millionen Steinblöcke – und das alles soll nur dazu gedient haben, einem einzigen Menschen, wenn auch einem König, als Grabmal zu dienen? Über dieses Problem wird immer wieder diskutiert. Es wurden die abenteuerlichsten Theorien aufgestellt:

Welchem Zweck dienten die Pyramiden wirklich?

- Die Pyramiden seien von außerirdischen Wesen angeregt oder sogar gebaut worden; sie kamen von fernen Sternen, um uns steinerne Botschaften zu hinterlassen.
- Die Pyramiden seien Ergebnisse einer mathematischen Geheimwissenschaft, die die Ägypter beherrschten; fänden wir ihre Gesetze, könnten wir aus den Abmessungen der Cheops-Pyramide die Daten aller noch kommenden wichtigen Ereignisse ablesen.
- Die alten Ägypter hätten ihre Mumien durch geheimnisvolle Kräfte, die über 5000 Jahre wirken, gegen Eindringlinge gesichert; sechs namhafte Wissenschaftler hätten ihre Neugier mit dem Leben bezahlt. Wir könnten deshalb nie das Geheimnis der Pyramiden lösen.

Für keine dieser und vieler anderer, ähnlicher Theorien gibt es auch nur den geringsten Beweis. Sie sind wissenschaftlich nicht ernst zu nehmen. Aber – welchem Zweck dienten die Pyramiden nun wirklich?
Die meisten Forscher sind sich darin einig, daß die Pyramiden am Nil nur

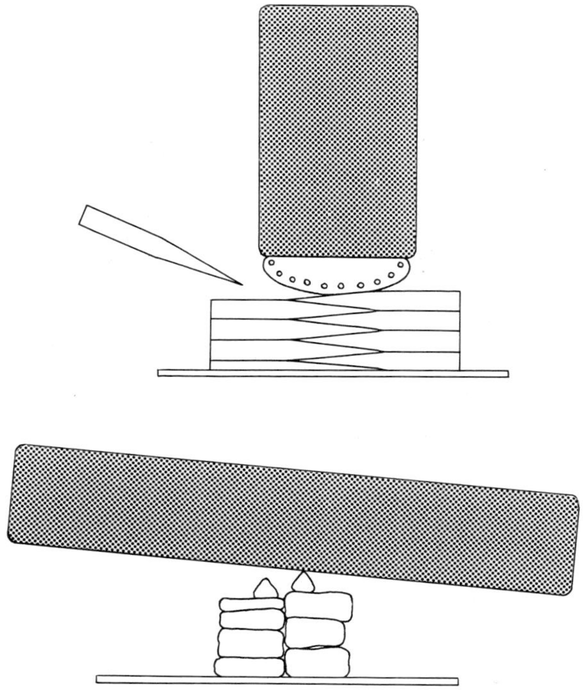

So hoben die Ägypter selbst schwerste Granitblöcke: Die Blöcke wurden dicht bei ihrem Schwerpunkt gelagert und von einem Stein auf den nächsten, daruntergeschobenen hochgeschaukelt.

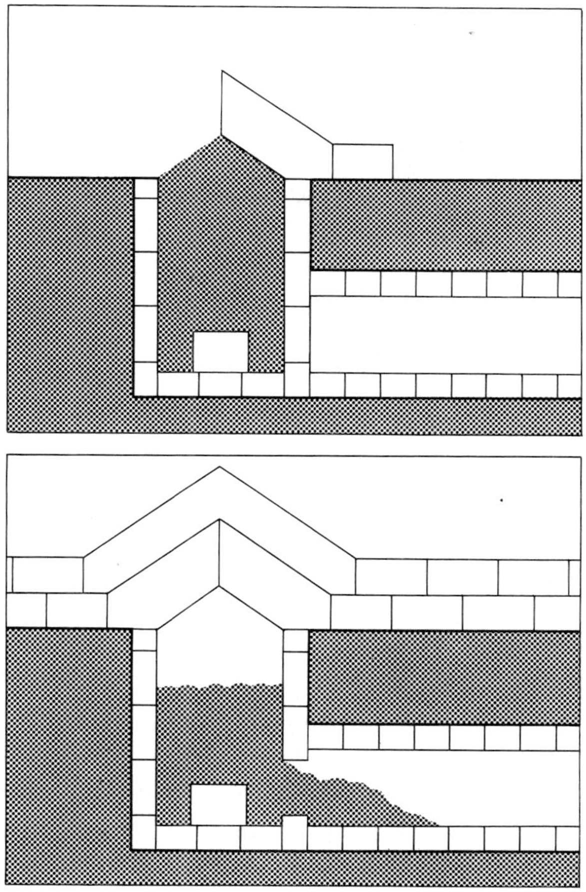

So wurden Grabkammern mit Granitblöcken abgedeckt: Die Kammer wurde mit Sand gefüllt, der später durch einen Seitengang entfernt wurde.

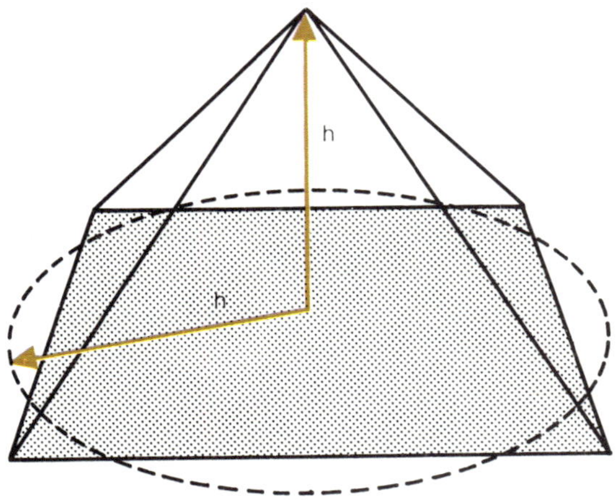

Der Umfang der Basis der Cheops-Pyramide ist genau gleich dem Umfang eines Kreises mit dem Radius h (Höhe der Pyramide). Zufall oder Absicht? Daran knüpfen sich zahllose Theorien.

aus der ägyptischen Religion und ihrem Totenkult zu erklären sind und daß sie den Herrschern wahrscheinlich als Grab dienten oder zumindest als Grab geplant waren. Aber in den zehn in diesem Buch erwähnten Pyramiden fand man nur vier Sarkophage (Sechemchet, Cheops, Chephren, Mykerinos), und alle waren leer. Wo blieben die anderen Särge? Grabräuber haben zwar schon sehr bald nach der Pyramidenzeit begonnen, die Grabkammern zu berauben. Aber warum sollten sie einen Sarg stehlen? Und wie sollten sie ihn unbemerkt aus der Pyramide herausbringen? Wenn sie die Särge zertrümmerten, warum sollten sie die Trümmer aus der Pyramide herausschaffen? Was wollten sie damit?

Waren die Pyramiden Himmelstreppen für den toten Pharao?

Auf einigen Inschriften im Innern der Pyramiden werden sie gelegentlich als *Himmelstreppe* bezeichnet. Und in der altägyptischen Schrift gibt es ein Zeichen ; es bedeutet *Aufstieg.* Sollte es vielleicht so sein, daß die Pyramiden als Grabkammer und als Treppe für den toten Pharao dienten, wenn er sich allabendlich auf den Weg in den Himmel machte, um die Sonne zu begleiten? Auch die Form der „echten", also stufenlosen Pyramide läßt eine ähnliche Deutung zu. Wenn die Sonne an einem wolkenverhangenen Wintertag im Westen untergeht, haben die Strahlen, die durch Wolkenlücken fallen, oft genau die Form einer riesigen Pyramide. Sollten die Bauwerke vielleicht eine Verlängerung dieser Sonnenstrahlen sein, eine Art Startrampe für den Flug des Pharaos in den Himmel?

Oder aber: Waren die Pyramiden vielleicht nur darum so hoch, damit die Strahlen der aufgehenden Sonne als

Die Überführung des einbalsamierten Pharao zu seinem Grabmal war keine Trauerfeier. Nach ägyptischem Glauben wurd

erstes auf das Grabmal des toten Pharao fielen, bevor sie die Häuser und Hütten der gewöhnlichen Sterblichen in Tageslicht tauchten?
Vieles deutet darauf hin, daß hier etwa die Lösung des Rätsels zu suchen ist. Klare Antworten auf diese Fragen wird es wohl nie geben.

Wie wurde ein Pharao begraben?

Wenn der Pharao, der die Pyramide hatte bauen lassen, gestorben war, wurde sein Leichnam auf der königlichen Bestattungsbarke über den Nil zu seiner Pyramide gebracht. Dort wurde das Schiff in einer Grube versenkt; der tote Pharao brauchte es ja für seine Fahrten mit der Sonne über den Himmel. Was an ihm sterblich war, wurde nun in langwieriger, oft zwei Monate dauernder Arbeit für die Ewigkeit vorbereitet: Hirn, Eingeweide und die anderen Organe wurden dem Leichnam entnommen, einbalsamiert und in Kanopen (Steinkrüge für die Eingeweide) getan. Nur das Herz blieb in dem Körper, der mit Ölen und Tinkturen überstrichen, gesalzen, getrocknet und mehrfach in Tücher eingewickelt wurde. Viele weitere feierliche Handlungen gaben dem toten Herrscher angeblich die Fähigkeit zurück, zu essen, zu trinken, zu sprechen und sich zu bewegen. Nun legten Priester ihren toten Herrn in einen hölzernen Sarg. Er wurde in das Innere der Pyramide getragen und in den Sarkophag gestellt. Neben den Sarkophag und in die anderen Kammern kamen die Kanopen und vieles andere, was der Pharao „drüben" brauchte: Speisen, Möbel, Jagdgeräte, Schmuck und Spiele.
Wenn die Priester schließlich die Grabkammer verließen, schlugen hinter ihnen schwere steinerne Falltüren zu. Niemand sollte diese Türen je wieder öffnen können, unter sechs Millionen Tonnen Kalkstein ruhte der Pharao – so glaubte man damals – in völliger Sicherheit.

...er im Tod zu Osiris. Er setzte sein Leben im Jenseits fort und ...reiste von nun an täglich mit der Sonne über den Himmel.

Heute werden die Pyramiden nachts beleuchtet.

Etwa 40 km nordöstlich von Mexico City liegt die Ruinenstadt Teotihuacan mit zahlreichen freigelegten Wohnbauten und Pyramiden der Azteken. Teotihuacan (mex. = Der Ort, an dem man zu Gott wird) wurde wahrscheinlich um 1000 v. Chr. gegründet. Zentralachse des jetzt freigelegten heiligen Bezirks war die 2000 m lange „Totenstraße" (auf dem Bild links im Vordergrund). Auf den Plattformen standen einst sakrale Bauten. Die Totenstraße führt von der Pyramide des aztekischen Sternengottes Quetzalcoatl vorbei an der etwa um Christi Geburt errichteten Sonnenpyramide (links) zur Mondpyramide (rechts).

Pyramiden in Mexiko

Woher kamen die ersten Bewohner Amerikas?

Gegen Ende der letzten Eiszeit, also vor etwa 20000 Jahren, war der amerikanische Doppelkontinent noch völlig menschenleer. In den Eiskappen, die weite Teile Europas und Asiens bedeckten, waren gewaltige Wassermassen gebunden und der Spiegel der Ozeane lag tief unter seinem heutigen Stand. Die Beringstraße zwischen Sibirien und Alaska war wahrscheinlich noch trockenen Fußes zu durchqueren.

Zu jener Zeit zogen Mongolen aus Nordostasien über die Beringstraße nach Alaska. Von dort breiteten sie sich im Lauf der Jahrzehntausende bis nach Feuerland hinunter aus. Damit war auch der letzte der fünf Kontinente besiedelt.

Aus der ersten Zeit dieser Besiedlungswelle sind nur wenige Funde überliefert. Die älteste uns bekannte höhere Kultur ist die Olmeken-Kultur von La Venta aus dem 8. bis 4. Jahrhundert vor der Zeitenwende. Die Olmeken, späte Nachfahren jener ersten mongolischen Einwanderer, bewohnten damals die Küsten des Golfes von Mexiko; La Venta ist ein Dorf im mexikanischen Bundesstaat Tabasco.

Überreste dieser Kultur sind

- bis zu 50 t schwere steinerne Statuen und Köpfe, bei denen sich menschliche Züge oft mit denen des Jaguars mischten,

- mehrere kleine Erdhügel in Kegel- oder Pyramidenform mit steinernen Grabkammern und
- eine 35 m hohe Erdpyramide, die wahrscheinlich Kultzwecken diente.

Außerdem hatten die Olmeken bereits einen komplizierten Kalender, der sich wohl nach Sonne und Venus richtete.

Was fanden die Spanier in Mittelamerika?

Über 2000 Jahre später, in der ersten Hälfte des 15. Jahrhunderts, kamen die Spanier nach Mexiko und trafen vor allem auf Azteken und Mayas. Die Azteken waren erst um 1300 n. Chr. vom Norden her ins Land gekommen und hatten sich die Völker der mexikanischen Hochebene unterworfen; die Mayas, damals schon seit mindestens 2000 Jahren im Land, hatten sich vor allem auf der Halbinsel Yukatan und in Guatemala angesiedelt. Beides waren alte indianische Kulturvölker, die ihre Abkunft von den Olmeken in vielen Beziehungen erkennen ließen.

Am 8. November 1519 traf der spanische Eroberer Hernando Cortez in Tenochtitlan, der Hauptstadt des Aztekenreiches (heute Mexico City), zum erstenmal den Aztekenkaiser Moctezuma II. Hinter Cortez seine mexikanische Geliebte Marina, hinter Moctezuma drei aztekische Heerführer. (Nach einem bemalten Baumwolltuch aus dem Jahr 1560.)

Sowohl Ernando Cortez, der das Reich der Azteken eroberte, wie auch Francisco de Montejo, der die Mayas unterwarf, waren erstaunt: Sie fanden steinerne Bauwerke, eine hochentwickelte Kultur und viel Gold.

Bei den Bauwerken handelte es sich vor allem um Pyramiden, deren architektonischer Reichtum in krassem Gegensatz zu den ärmlichen Palmhütten der Bevölkerung standen.

Die mexikanischen Pyramiden unterscheiden sich in einer ganzen Reihe wesentlicher Punkte von den Pyramiden Ägyptens, die 3000 Jahre zuvor gebaut worden waren: Die ägyptischen Pyramiden konnten, sobald sie fertiggestellt waren, nicht mehr bestiegen werden; die Pyramiden in Mexiko dagegen haben Stufen, die auf die oberste, abgeplattete Plattform des Pyramidenstumpfes führen. Und sie wurden nicht für Menschen, sondern für Götter gebaut. Auf der Plattform befinden sich heilige Stätten, die jeweils einer Gottheit geweiht sind. Einige Azteken-Pyramiden wie die in der Hauptstadt Tenochtitlan (dem heutigen Mexico City) tragen zwei Opferstätten für zwei Götter. Zu ihnen führen auf der gleichen Seite der Pyramide zwei getrennte Treppen hinauf.

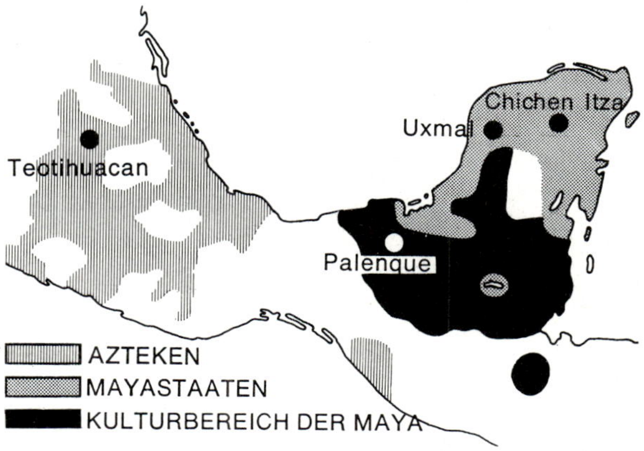

Die Azteken wanderten etwa um 1000 n. Chr. in Mexiko ein und wurden der politisch mächtigste indianische Stamm Mexikos. — Die Mayas kamen zum Teil schon vor Christi Geburt in ihre späteren Siedlungsgebiete. Sie ließen sich auch in Guatemala, Honduras und El Salvador nieder.

Die Pyramiden der Azteken bestehen in ihrem Inneren aus luftgetrockneten Ziegeln, die mit einer Schicht aus Steinen und Mörtel verkleidet sind. Die fugenlose Genauigkeit des Mantels, die die ägyptischen Pyramiden auszeichnet, fehlt völlig. Die Azteken-Pyramiden sind nicht sehr hoch; auch in ihrer Ausdehnung sind sie nicht mit den ägyptischen Bauwerken zu vergleichen. Selbst die Hauptpyramide von Tenochtitlan ist nur 30 m hoch, also ein Fünftel der Cheops-Pyramide von Giseh. Die treppenlosen Seitenwände sind steiler als die Vorder- und Rückseite; das läßt sie steiler erscheinen, als sie wirklich sind. Bei der Pyramide des Gottes Quetzalcoatl (grün gefiederte Schlange) wird die Treppe nach oben breiter; wenn man direkt vor der Pyramide steht, wirkt sie dadurch noch steiler.

Wie hoch sind die Pyramiden der Azteken?

Die Mayas auf Yucatan benutzten anderes Baumaterial als die Azteken. Ihre Pyramiden bestehen auch im Inneren aus grob behaunen Steinen, die mit sehr starkem Kalkmörtel verbunden sind; die Gefahr des „plastischen Flusses", also des Abrutschens besteht praktisch nicht. Die Treppen und die ganzen Pyramiden sind steiler als die der Azteken. Die Große Treppe der *Pyramide des Magiers* in Uxmal steigt in einem Winkel von fast 50 Grad bis zu einer Höhe von 35 m an; an anderen Pyramiden wurden sogar 75 Grad gemessen.

Die größere Festigkeit dieser Bauwerke erlaubte zwei weitere wesentliche Unterschiede zu den Pyramiden der Azteken: Die Bauten der Mayas haben in ihrem Innern kleine Hohlräume; außerdem tragen sie auf der obersten Plattform Tempel, die oft von schwungvollen Dachkonstruktionen mit hochgezogenen Firsten gekrönt sind.

Dienten die Maya-Pyramiden als Gräber?

Ursprünglich nahm man an, daß die amerikanischen Pyramiden nicht als Gräber dienten. Im Jahr 1949 fanden Archäologen jedoch in der *Inschriften-Pyramide* neben dem Maya-Palast in der Ruinenstadt Palenque ein Grab. Von dem Tempel auf der Plattform führt eine Treppe zu einer Kammer auf ebener Erde hinab, in der sich vier Skelette, offenbar Menschenopfer, befanden. Hinter einer Steinplatte am Ende der Kammer liegt eine Grabanlage, deren Boden aus dem mit Reliefs geschmückten Deckel eines riesigen Sarkophags besteht. Darin fand man das Skelett eines Priesterfürsten von Palenque. Er trug reichen Jadeschmuck, sein Gesicht war von einer Jademaske bedeckt. Wenig später entdeckte man auch in der Pyramide des Gottes Quetzalcoatl in Chichen Itza ein Grab. Es barg die Überreste eines dortigen Hohenpriesters.

Nun begannen die Archäologen, auch andere amerikanische Pyramiden mit Bohrungen und Messungen auf verborgene Gräber zu untersuchen. Sie fanden bisher nichts. Aber dabei entdeckten sie etwas Merkwürdiges: Die Maya-Pyramiden waren nicht in einem Zug gebaut. In bestimmten Zeitabständen sind sie immer wieder neu ummantelt und überbaut worden. Die Struktur der Maya-Pyramiden gleicht also der einer Zwiebel. Die Pyramide von Cholula zum Beispiel wurde viermal umbaut, bis sie schließlich eine Grundfläche von 360 x 310 m bei einer Höhe von 62 m erreichte, und die Pyramide von Tenayuca wurde sogar fünfmal überbaut, in den Jahren 1299, 1351, 1403, 1455, 1507, elf Jahre, bevor der Ort von Cortez erobert wurde. Der zeitliche Abstand von Umbau zu Umbau betrug jedesmal genau 52 Jahre.

Im Zentrum eines großen Platzes in Chichen Itza, einer der bedeutendsten Ruinenstätten der Mayas, steht die Quetzalcoatl geweihte Stufenpyramide, genannt „das Schloß". Die Kultstätte befindet sich auf der oberen Plattform.

Im „Tempel des Gesetzes" in der Maya-Stadt Palenque fand man diese Grabplatte, unter ihr lag ein Priester begraben. Im Innern des Sargs fand man unter einem rotgefärbten Leichentuch Ohrgehänge, Hals- und Armbänder, vier Masken aus Jade und zwei Stuckköpfe (siehe S. 47).

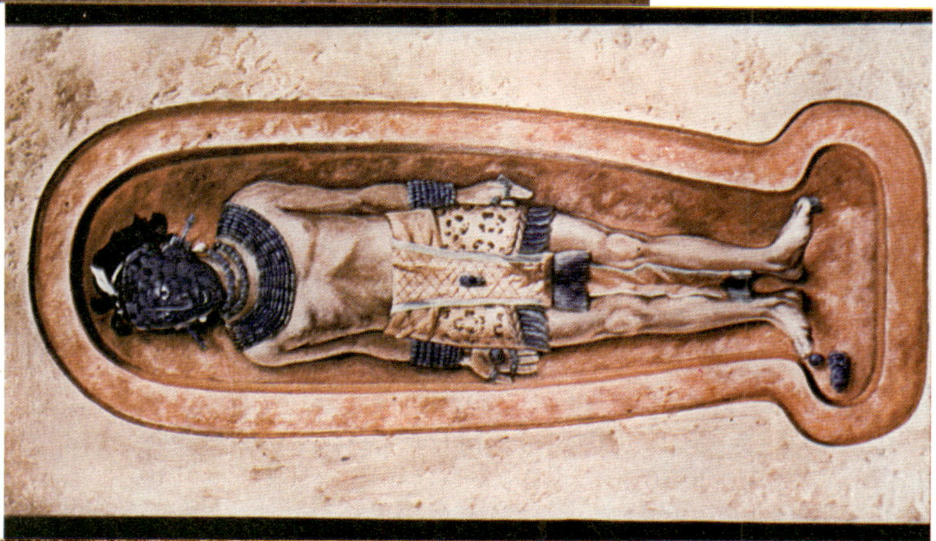

Der „Tempel des Gesetzes" wird wegen seiner Platten mit 620 Schriftzeichen meist „Tempel der Inschriften" genannt. Im Innern des etwa 692 n. Chr. gebauten Tempels gibt es eine „königliche Gruft" (siehe S. 46). Palenque lag mitten im Dschungel.

Schnitt durch die Tempelpyramide von Tenayuca. Durch mindestens 5 Umbauten wurde sie von 31×12×8 m auf 62×50×19 m erweitert.

Wie stellten sich die Mayas die Welt vor?

Die zentralamerikanischen Indianer glaubten, daß sich die Welt alle 52 Jahre völlig veränderе. Dieser Zeitabstand hing mit dem von den Olmeken übernommenen Kalender zusammen. Alle 52 Jahre wurde daher möglichst alles Alte durch Neues ersetzt, auch die alten Tempel mußten neuen weichen, das heißt, sie wurden überbaut. Der neue Tempel stand auf der vergrößerten Pyramide meist genau über dem alten. Dieser Zyklus von 52 Jahren wurde jedesmal mit einem großen Fest begangen. Bei doppelten oder gar vierfachen Zeitabständen, also bei 104 oder 208 Jahren, waren die Feste noch größer.

Dieser ständige Wandel beschränkte sich nach Maya-Glauben nicht nur auf den Umbau von Tempeln. Er beherrschte ihre Vorstellung von der Erschaffung und dem Fortbestehen der Welt: Ursprünglich gab es fünf Welten. Die erste wurde vom heiligen Jaguar verschlungen, die zweite wurde von Stürmen, die dritte von Feuer und die vierte von Wasser zerstört. Damit ihre, die fünfte und letzte Welt, nicht – wie prophezeit – von einem Erdbeben vernichtet würde, mußte man die Götter, die die Welt gegen die Naturgewalten verteidigten. bei Kräften halten. Die Kraft der Götter war aber nicht unerschöpflich. Allein durch die Opferung von Menschen, deren Kraft dabei auf die Götter überging, war es möglich, ihnen neue Stärke zu geben.

Wieviel Menschen wurden geopfert?

Menschenopfer waren wie nirgends und niemals sonst auf der Welt bei den Azteken an der Tagesordnung. Schon die äußere Form der Pyramiden entsprach diesem grausigen Ritual: Sie waren praktisch große Bühnen, auf denen die Opferungen vor sich gingen; damit möglichst viele Menschen zuschauen konnten, waren sie erhöht; sie durften wiederum nicht zu hoch sein, damit die Zuschauer jede Einzelheit genau verfolgen konnten. Die Treppen waren steil, damit die Körper der Unglücklichen ganz von selbst die Stufen hinabrollen und schnell dem nächsten Opfer Platz machen konnten. Denn zu hohen Anlässen wurden bis zu 20 000 Menschen an einem Tag getötet.

Schnitt durch den „Tempel der Inschriften". Von dem Tempel auf der Plattform der Pyramide führt eine Treppe 24 m tief in zwei Gewölbe. Im ersten, dem Vorraum, entdeckte man die Gebeine mehrerer Jünglinge und einer Frau, die wahrscheinlich einem Gott geopfert worden waren. In der Grabkammer selbst lag ein Priesterkönig.

Jeder Gott hatte sein eigenes Ritual. Für den Sonnengott Huitzilopochtli wurde das Opfer mit dem Rücken auf den Altar gelegt. Ein Priester schlitzte blitzschnell den Leib des Opfers mit einem gläsernen Messer auf und riß das noch zuckende Herz heraus, um es der Sonne darzubieten. Für den Gott des Frühlings und der Fruchtbarkeit, Xipe Totec, wurde dem Opfer außerdem die Haut abgezogen und einem Priester übergestreift. Und der Gott der Nacht und der Krieger, Tezcatlipoca (rauchender Spiegel), verlangte, daß das Opfer gefesselt auf glühende Kohlen geworfen wurde, bevor man ihm das Herz herausriß. Je lauter die Schmerzensschreie der Opfer, desto größer die Überzeugung der Zuschauer, daß nun die Kraft des Getöteten in den Gott übergegangen war. Die Zuschauer aßen und tranken das Blut und Fleisch der Geopferten: So wurden sie selbst der Kraft des jeweiligen Gottes teilhaftig.

Warum wollten viele Mexikaner ihren Opfertod?

Viele der für den Opfertod auserwählten Männer, Frauen und Kinder waren mit ihrem Schicksal einverstanden. Denn auf gewöhnliche Art Gestorbene hatten nach ihrem Tod kein angenehmes Leben zu erwarten. „Mictlan“, das Jenseits, war ein kalter, freudloser Ort in der Unterwelt. Die den Göttern Geopferten dagegen stiegen zusammen mit den in der Schlacht gefallenen Kriegern und den bei der Geburt eines Kindes gestorbenen Müttern in den Himmel der Götter auf. Viele waren daher bereit, das spätere Leben im Himmel mit den Schmerzen des Opfertodes zu bezahlen. Es ist überliefert, daß ein junger Mann, der geopfert werden sollte, auf seinem Tod bestand, als Cortez Menschenopfer untersagte.

Menschenopfer wirkten sich auch auf die Rolle der Spanier in Mexiko aus: Zufällig landeten die Konquistadoren (Eroberer) zu einem Zeitpunkt in Mexiko, zu dem die Rückkehr des Gottes Quetzalcoatl „aus dem Osten“ prophezeit worden war. Als der bärtige Cortez

Die Stuckköpfe aus dem „Tempel der Inschriften“

Grabplatte aus dem „Tempel der Inschriften“

(Indianern wachsen keine Bärte) in „Wasserhäusern“ (Schiffen) an der mexikanischen Küste anlegte, hielten die Einheimischen ihn für einen Gott. Der tiefreligiöse Aztekenkönig Moctezuma II. sandte ihm vier Göttergewänder entgegen. Erst als Cortez die Menschenopfer verbot und es ablehnte, die ihm angebotenen Hände und Schenkel eines geopferten Mannes zu verspeisen, kamen den Azteken Zweifel an der Göttlichkeit der Europäer. Wenig später begann der Aufstand gegen die Spanier. Er endete mit der völligen Vernichtung ihres Reiches — eines Reiches, dessen Kultur eine der höchststehenden der damaligen Welt war.

Die größte Pyramide und damit das größte Bauwerk der Welt stand jedoch weder in Mexiko noch in Ägypten. Bei Lima in Peru erhob sich die 30 m hohe, nur in Resten erhaltene *Huaca Juliana*. Ihre Grundfläche betrug 800 x 400 m = 320 000 Quadratmeter. Mit einem Rauminhalt von 3,2 Mill. Kubikmetern übertraf sie die Cheopspyramide (2,6 Mill. Kubikmeter) bei weitem. Wie auch andere altperuanische Pyramiden diente die Huaca Juliana als erhöhte Plattform für einen Tempel. Sie bestand aus Lehmziegeln, die massiv in Säulenform geschichtet waren. Die peruanischen Pyramiden wurden meist über natürlichen Erdhügeln errichtet. Stufenpyramiden über Erdhügeln mit Tempeln oder heiligen Stätten auf ihren Plattformen gab es auch in Hinterindien sowie auf den Südseeinseln Papara, Tahiti und Tongatabu.

Wo stand die größte Pyramide der Welt?

Sogar in Europa gibt es eine Pyramide. Sie ist etwa 12 m hoch, mit Marmor verkleidet und steht in Rom. Unter ihr liegt der im Jahr 12 v. Chr. gestorbene römische Prätor Gaius Caesar Epulo Cestius begraben.

An hohen Feiertagen wurden bis zu 20 000 Menschen geopfert. Unser Bild zeigt die Rekonstruktion des Tempelbezirkes von Tenochtitlan, der Hauptstadt der Azteken.

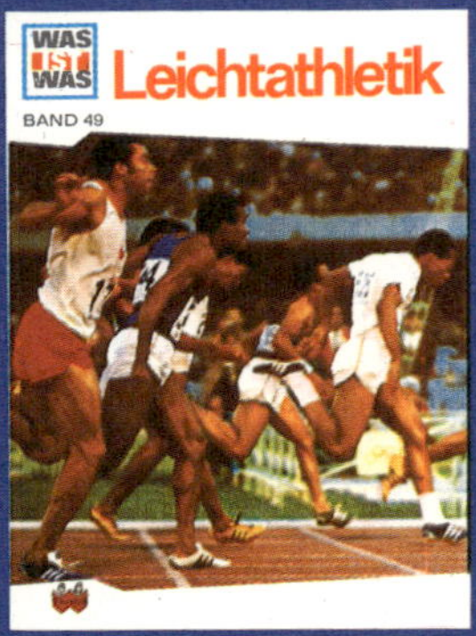

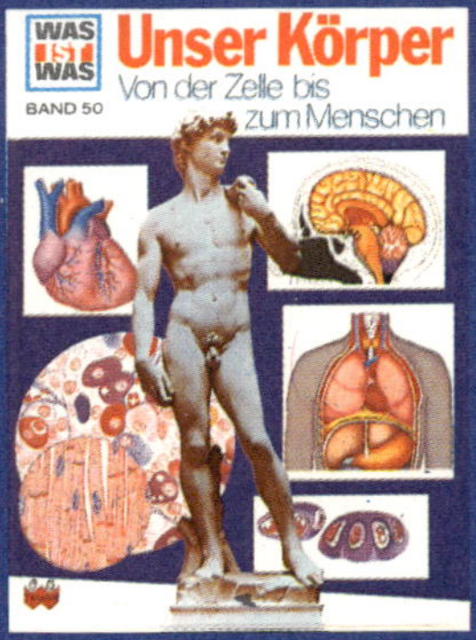

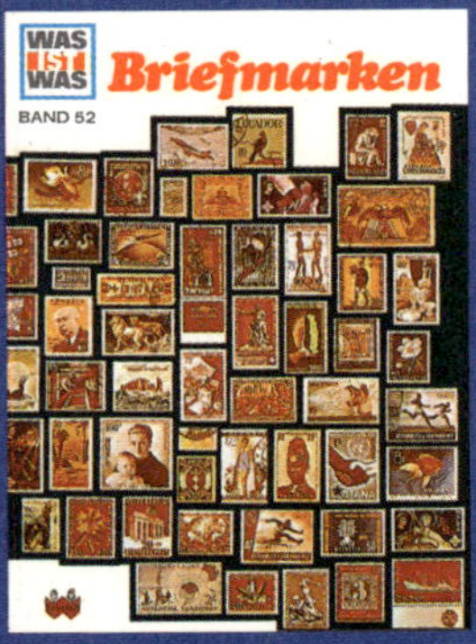

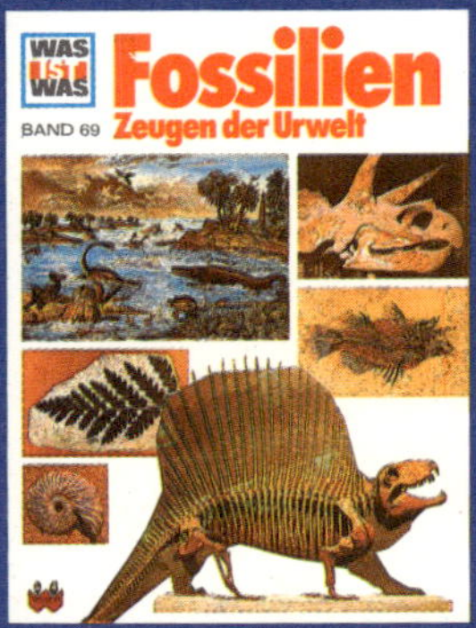

Die Reihe wird fortgesetzt.